AF305988

MON FILS

Beaugency. — Imp. Laffray.

FREDÉRICK JUNCKER

MON FILS

CHARLES JUNCKER

ŒUVRE FAMILIALE

BOIS-DE-COLOMBES

M DCCC XCVIII

A Valentine JUNCKER.

Ce livre, avant tout, a été fait pour toi, ma chère petite fille! En l'écrivant, les yeux remplis de larmes, il me semblait voir ta douce image se dresser à mes côtés pour suivre ma plume et la remercier du soin qu'elle prenait de te conserver, aussi vivant que possible, le souvenir de ton bien-aimé père. — Ne m'en sois pas autrement reconnaissante, mon enfant; n'était-il pas de mon devoir de te parler longuement de celui qui, penché sur ton ber-

ceau, fut, prés de ta bonne mère, l'ange gar-
dien de ta fragile enfance ; de celui qui, tant
de fois, te prenant dans ses bras, après les
fatigues d'une journée de travail, se sentait
heureux de te presser sur son cœur et de voir
ta jeune âme s'épanouir au bon soleil de sa
tendresse.

Jamais ! non jamais ! tu ne connaîtras assez
ce que fut cette nature aimante qui t'a donné
tout son amour, et dont tu ne peux maintenant
que bénir la mémoire. — Trop jeune pour
comprendre l'étendue de la perte que tu venais
de faire, et craignant pour ton organisation
sensitive les effets du grand chagrin dont nous
étions accablés, on crut devoir te cacher une

*mort qui te rendait orpheline. Le deuil dont
il fallut te revêtir fut atténué, autant que possible ; un pieux silence sut répondre à ton regard des premiers jours et détourner, sans
secousse brutale, le cours encore bien indécis de
tes fugitives pensées. — On t'éloigna de la maison paternelle, témoin de tant de scènes fami-
liales ; puis une vie nouvelle dans un autre milieu, celui de ta grand'mère, vint effacer les
lignes trop précises de ce qui restait te parlant
du passé ; on fit diversion à ton entourage,
sans aller cependant jusqu'à faire disparaître,
de devant tes yeux, le portrait de ton père, car
il eût été cruel, pour sa mémoire, de ne pas
laisser subsister cette image qui devait, plus*

tard, s'éclairant du rappel de nos souvenirs, te retracer quelques uns des riants tableaux de ta première enfance.

Ce livre est donc là, ma chère enfant! pour accomplir cette œuvre de résurrection; puissent chaque page, chaque ligne, chaque mot, être, pour toi, l'éveil d'une tendresse paternelle qui ne te fit jamais défaut, et dont tu portes sur la tête la précieuse couronne.

Ce livre s'adresse également à notre famille, à nos amis, à tous ceux qui gardent de ton père l'impression caressante de sa sympathique personne. Il est l'oraison funèbre que je prononce avec l'admiration due aux humbles de cœur. — Retracer la vie de ce fils, l'honneur *de mon foyer; de ce fils modèle, n'ayant jamais sali sa jeunesse dans de folles aventures; qui, poursuivant le rêve de ses aspirations artistiques, a vécu dans sa famille n'ayant d'amour que pour le Beau, d'ambition que pour le Bien, et qui, victime du Devoir, a succombé sans révolte contre Dieu ni personne, est une tâche trop douce pour que je ne me sente pas fier, ma Valentine aimée! en te dédiant ce livre, de le signer d'un nom qu'il me faut, hélas! à présent, voir s'éteindre avec moi.*

F. JUNCKER.

Quand il naquit, ce fils, m'apportant l'espérance
De le voir, à ma suite, aborder de longs jours,
Et d'une vie heureuse en descendant le cours,
N'effleurer, qu'en passant, l'aigu de la souffrance ;

Quand le doux nid de mousse où sa fragile enfance
Voyait sa mère et moi, penchés sur lui toujours,
N'avoir pour ce doux fruit de nos chastes amours,
Que sourires, baisers, joie et reconnaissance ;

Des plus riches couleurs brodant son avenir,
Je croyais, pauvre fou !.. dans mes rêves tenir
Mieux que l'Illusion qu'un moindre souffle effeuille ;

Alors que, maintenant, il me faut demeurer
Seul, en la nuit funèbre où mon front se recueille,
Et pleurant sur celui qui devait me pleurer.

1896.

MON FILS

Pauvre père !... *pauv'e père !* — comme il disait, dans l'affectueuse abréviation de son expansive nature, aussi bien devant le moindre ennui que devant le moindre accident dont il me voyait la victime. — *Pauv'e père !* et dans cette simple et naïve exclamation, où passait toute son âme, il y avait la résonnance d'une telle sollicitude qu'il n'était pas nécessaire d'en entendre davantage pour deviner combien cette nature aimante me portait de vénération et d'amour.

Ah ! si jamais un père peut se glorifier d'avoir eu, dans son fils, un admirateur aveugle de sa personne et de ses actes, c'est bien moi, triste victime d'un deuil qui me prive à jamais des ineffables caresses d'une affection à nulle autre pareille ; aussi ne saurai-je trop mettre de louanges et de baisers sur mes lèvres pour honorer dignement la mémoire de cet enfant béni qui, par ses sentiments, sa conduite, sa distinction, son intelligence et sa tendresse, reste le type idéal de ce que l'ambition d'un père peut rêver de plus glorieux pour son nom et de plus doux pour son cœur.

O mon fils ! — mon cher et bien-aimé fils ! que je voudrais, mes pensées toutes à ton mérite, trouver, sous ma plume, les expressions propres à te gagner la sympathie de ceux qui me liront ! Ta vie, dans la limpidité de sa rayonnante lumière, vient à moi comme le reflet de la mère aimée qui versa dans tes veines, avec son lait, le plus pur de son être.

Ah ! que je me sens triste, et comme en moi tout demeure ébranlé depuis l'instant où je t'ai vu mourir dans mes bras, après deux mois de continuelles alternatives, entre l'aggravation constante et le mieux passager de ton mal ! alors que ne te quittant ni jour ni nuit, l'esprit angoissé, l'âme en prière, ne pouvant croire à ta fin prochaine, j'allais. malgré les progrès si visibles de la fièvre qui dé-vorait le restant de tes forces, me raccrochant aux plus folles espérances.

Quand, devant moi, se dresse l'horreur de notre funèbre séparation… quel spectacle! aux premières lueurs de l'aube naissante, je te vois t'éveillant, après trois heures d'un calme sommeil, m'appeler d'une voix douce en demandant à boire, puis, soudain, à peine venais-je de te replacer dans ton lit en meilleure position que, le regard effaré, la face en sueur, la voix haletante, tu te mis à crier : « Père!… que m'as-tu donc fait?… j'étouffe!… de l'air…. père!… père!… sauve-moi!… » Quand revient sous mes yeux cette foudroyante agonie, à l'heure où j'y pensais le moins, quand l'écho de cette voix si chère me retourne le cri de son appel désespéré, je me sens poursuivi, dans le trouble de mes souvenirs, par les ombres vengeresses du remords. — Se peut-il que je sois resté ne trouvant rien pour accomplir le miracle que mon fils mourant implorait de ma tendresse, dans sa foi si naïve en ma toute puissance!..... Il me semble que j'ai failli à ma tâche et que de ce moment j'ai perdu mes titres aux droits sacrés dont j'étais investi, comme père de famille.

— Est-ce que la maison paternelle n'est pas, pour l'enfant, le refuge inviolable où toutes ses craintes doivent s'endormir dans une douce sécurité? — Est-ce que la mort peut pénétrer dans cet asile de paix, que garde la vigilance et que défend l'amour? Le berceau d'autrefois, qui se voyait entouré de tant de soins, ne reste-t-il pas toujours, dans le souvenir de l'homme aimant, comme la source de sa croyance en la presque Divinité de ceux qui le veillaient?

O mon pauvre fils!... mon pauvre fils!... pourquoi n'ai-je pu trouver dans ma tendresse pour toi la force de vaincre l'impossible au lieu de trahir, à ce moment suprême, ton inaltérable foi dans les vertus dont tu te plaisais à me parer. « Père! Sauve-moi! » et devant les égarements de mon trouble, l'incohérence de mes paroles, l'affolement de mes soins, j'ai senti qu'en toi s'effondrait avec terreur l'assise de tes croyances... Quoi! je ne pouvais,

à l'heure où tu voyais la vie prête à t'échapper,
que gémir inutilement à tes côtés ; et tes yeux
s'effarant au spectacle de mes larmes, sentant
descendre en toi les ombres de la mort, tes
lèvres en cherchant l'approche de mon visage
m'ont donné leur dernier baiser, tandis que ton
âme en s'envolant, semblait me dire : « Adieu !
père que j'ai tant aimé ! tout ce qui m'était cher,
ici-bas, je le laisse à tes soins... adieu ! puisque tu m'abandonnes !

Ah ! que soient maudits plus que les pires
criminels ceux qui, violant le sépulcre de nos
morts, s'en viennent, sous un ciel qu'ils insul-
tent de leurs blasphèmes, nous cracher le rica-
nement des théories de l'Athéïsme pour ne
laisser à nos douleurs que les ténèbres du
désespoir.

Que serais-je devenu en face du cadavre de
mon fils, froidissant sous ma main, alors que
sur ma joue brûlait encore le feu de son dernier baiser ? Que serais-je devenu si nul espoir
en la justice et la bonté du Dieu de mes croyances
n'était venu soutenir le reste de mes forces ?...
Ils n'ont donc jamais aimé, ces tristes apôtres

de la matière? Ou s'ils aiment, ils n'ont donc
jamais su ce qu'est le deuil de ceux qui nous
sont chers ; — ce qu'est l'épouvante du tombeau
murant, dans le silence de sa nuit, ce qui fut
la joie de nos jours, le souffle de notre vie? —
Ils ne comprennent donc pas ce que serait le
supplice de traîner, dans le désert de ses regrets, l'image des disparus, si rien n'apportait
au désespoir des survivants la lueur consolatrice
de la résurrection? — Quoi ! placés entre deux
inconnus (le ciel ne les ayant pas éclairés)
c'est vers celui qui conclut au néant qu'ils vont
de préférence?... Ah ! trompé pour trompé, si
le doute pouvait un seul instant ternir, à mes
yeux, la face de mon Créateur, comme j'irais,
quand même, malgré le trouble de mes inquiétudes et le martyre de mes alternatives, raviver
dans la prière les derniers rayonnements de
ma mourante espérance !

Le souvenir de la mort de mon pauvre fils
me poursuit sans relâche. Le temps fuit sans
pouvoir adoucir le spectacle de sa foudroyante
agonie, et chaque fois que je remonte mon
pénible calvaire je sens peser plus lourde la

croix qui meurtrit mes épaules en alourdissant
la marche de mes derniers jours. — Je sais bien
que je ne suis pas seul à souffrir de cette séparation : d'autres pleurent à mes côtés. Certes,
l'infortunée jeune veuve qui voit, après sept
années d'une union des plus tendres, son avenir
brisé, ses espérances éteintes, son bonheur
disparu, verse des larmes bien amères ; certes,
ma fille, cette fidèle et douce amie d'un frère
bien aimé, porte un deuil d'autant plus cruel
qu'aux liens de famille que cette mort a brisés
se rattachaient mille souvenirs d'enfance, tous
remplis de bonne affection et d'étroite intimité :
mais que Dieu me pardonne si, m'enfonçant
dans l'égoïsme de ma solitude, j'ose prétendre
que ma douleur est plus amère que celle des
autres. Ce fils, qui ne m'avait jamais quitté,
résumant trente-cinq années de notre vie commune, était devenu l'indispensable associé de
mon cœur ; je retrouvais en lui la nature aimante de sa mère : son sourire si captivant,
c'était le sien ; ses goûts artistiques d'un ordre
si élevé, sa personne si pleine d'élégance et de
distinction, n'était-ce pas toujours comme un

rappel de la femme adorable qui fut la compagne de ma vie et dont je garde à jamais le culte
religieux. Oui! je le sens au grand vide qui s'est
fait en moi, en perdant mon fils j'ai perdu la
plus grande partie de ce qui me restait encore de
vivant de celle dont le départ, il y a plus de dix
ans, m'avait jeté dans un abattement d'autant
plus complet qu'il détruisait mon intérieur. Ma
bien aimée fille me reste, il est vrai, m'apportant
avec sa tendresse le rappel de son enfance, de
notre vie de famille, de nos jours si pleins
d'affectueux épanchements; mais depuis son
mariage, de longues années vécues loin de nous
ont forcément fait moins intimes nos relations
de ces derniers temps, si bien que sans la trouver indifférente à ce que je lui raconte des faits
qui lui sont étrangers, elle ne peut, comme
le pouvait mon fils, m'aider de ses propres
souvenirs pour compléter les miens, et palpiter,
avec moi, des mêmes émotions au rappel des
heures passées loin de sa douce présence. —
Aussi je me sens pris d'une lassitude allant
parfois au presque anéantissement de mes
forces. Moi! qui jusqu'alors me voyais toujours,

en dépit des années, si jeune de cœur et si plein d'activité, me voilà maintenant triste, et ne sachant plus comment accomplir l'inconnu de ma destinée, perdu que je suis de me retrouver seul sur la route où j'allais m'appuyant sur mon fils, mon orgueil et ma joie. — Depuis cinquante ans bien comptés que, dans le but d'améliorer ma vie, je tiens en réserve ma correspondance, mon journal, nombre de notes traitant de ma personne, je n'avais qu'un but : livrer ces fidèles confidents de mes actes et de mes pensées à celui que je regardais comme un autre moi-même, afin qu'il puisse, un jour, en compagnie de sa sœur, revivre tout mon passé, et retrouver avec elle, dans cette lecture, quelques-unes des heures bénies où leur fraternelle affection s'épanouissait au souffle caressant de leurs parents aimés ; et puis, ce sont également ces multiples essais de ma plume incorrecte sur nombre de questions philosophiques, religieuses et morales ; les travaux du poète, rêvant la publicité de ses œuvres, mais ne les touvant jamais assez parfaites pour mériter un tel honneur. Qui s'en occupera maintenant, si je viens à disparaître avant d'avoir pu mettre un peu d'ordre dans ce pêle-mêle d'ébauches, de pièces inachevées, d'autres à revoir, dans le nombre de celles qui sont terminées? — Hélas!... me voilà au milieu de ce poussiéreux désordre, ne sachant par où commencer, et répugnant au sacrifice de toutes les parties encombrantes de ces travaux si mal ordonnés, dans l'unité de leur direction. — Quel sera l'avenir de ce souffle de ma muse? Qui voudra, pour satisfaire à mes désirs, se livrer au pénible tri de ces volantes paperasses avec la patience et le discernement qu'elles réclament? Seul un fils, en sentant palpiter l'âme de son père dans la moindre ligne tracée par lui, pouvait trouver l'intérêt nécessaire au bien d'un semblable travail, et faire un juste classement des parties à sacrifier comme de celles à garder; seul un fils pouvait, sa tâche pieusement terminée, songeant à ce qu'il y avait d'honnête dans le but poursuivi, se sentir fier des sentiments de celui dont la plume livrait à son appréciation, avec ses pensées, sa vie tout entière.

Et puis, ce qui fait mon désespoir, ce qui

trouble ma prière quand je l'élève vers le ciel
pour y voir passer l'ombre de ma compagne,
c'est de l'entendre me dire, cette compagne
aimée : « Je te l'avais confié, tu savais combien
fut fragile son enfance ; tu savais que par sa
constitution délicate il était nécessaire de veiller
sur lui avec une sollicitude de tous les instants,
d'y veiller d'autant plus que de continuelles
imprudences l'exposaient, pour un rien, à de
fréquentes indispositions... » Et, alors, je me
demande, l'oreille tendue aux échos de cette
voix d'outre-tombe qui me trouble, si je n'ai pas
failli à ma tâche malgré la profonde affection
dont je n'ai cessé d'entourer cette douce nature que, sans vouloir violenter, je trouvais
parfois trop tardive à s'affirmer dans un peu de
cette indépendance si nécessaire au besoin de
se faire une situation. — C'est sous le poids de
ces écrasantes pensées que j'aggrave à plaisir
les souffrances de mon deuil, alors que, cependant, j'ai là sous les yeux, pour combattre mes
remords deux lettres que j'adressais à mon fils :
l'une à la veille de ses 21 ans, l'autre pour répondre au découragement qu'il éprouvait au

milieu de ses compagnons de chambrée pendant
la seconde période de ses 28 jours dans l'armée
active.

« *Mon cher fils!* (écrivais-je quelques jours
avant l'époque de sa majorité). *Mon cher fils!
Je suis tourmenté du désir de te parler à cœur
ouvert, car il y a dans mon affection pour toi
autre chose que le besoin de te voir reposer
tranquille auprès de nous, à l'abri des premières
nécessités de l'existence.*

*» Les honnêtes sentiments qui se sont épanouis
en toi sous la douce chaleur de nos caresses,
m'apportent l'assurance que ta nature aimante
et droite ne rêve que bien faire. Mais, mon
cher enfant! il ne suffit pas à la tranquillité
de ma conscience de te savoir digne de notre
estime, la vie ne se résume pas au cercle restreint de la famille; te voilà touchant à ta
majorité, maître absolu, dans quelques jours,
d'agir dans la plénitude de ton indépendance,
en même temps que, revêtu du titre de citoyen,
tu pourras, tenant en main le bulletin de ton
vote, peser sur les destinées du pays. Ce passage
de l'adolescence à la virilité où tombent, du*

jour au lendemain, les entraves dont, la veille encore, l'esclave ne pouvait s'affranchir, est, pour un père soucieux de l'avenir de ses enfants, tout rempli de graves préocupations : car à partir de ce moment l'être dont l'éducation demeure sa responsabilité, va, sous l'influence des principes dont il fut nourri, se présenter dans l'arène publique où, du plus faible au plus fort, chacun lutte dans la foule pour se frayer un chemin vers le but qu'il poursuit.

» Je crois en toi, mon cher enfant! je sais que, contrairement à bien d'autres, ta situation nouvelle ne changera rien de ta conduite envers nous, car j'ai la confiance la plus étendue sur le sentiment que tu nous portes, mais je ne suis plus armé du même pouvoir. La société en tranchant ma force autoritaire, t'aura brutalement libéré de ma tutelle... Dans ce moment si grave, le père ayant compris l'importance du devoir qu'il avait à remplir, doit jeter un regard sur les vingt années qui viennent de s'écouler et voir, pour le repos de sa conscience, si ses actes n'ont toujours été, pour son enfant, que justice et dévouement? C'est pourquoi je veux, pendant *les quelques jours qui me séparent encore de l'époque de ta majorité, t'entretenir, à cœur ouvert, de tout ce qui touche à cette importante question* »

Avant de passer à la copie de ma seconde lettre, il est nécessaire qu'elle soit précédée de celle que mon fils m'écrivait du régiment, en date du 15 septembre 1887.

« Mon cher père! je voulais toujours t'écrire une longue lettre, car j'ai bien des choses à te dire, mais je n'ai pas l'esprit assez tranquille pour cela; du reste, dans quelques jours je vais me retrouver parmi vous, et le calme, j'en suis sûr, renaîtra tout aussitôt dans mon cœur. Ce n'est pas, à vrai dire, que je sois bien malheureux au régiment en ce qui touche au côté matériel de la vie; mais pour ce qui est du moral, c'est tout autre chose, et je suis, cette fois, beaucoup plus affecté de la grossièreté des gens qui m'entourent que je ne l'étais il y a deux ans. Sitôt que j'entends l'ordurier langage de mes camarades qui, sans respect pour ce que la famille a de plus cher, livrent aux gravelures de la

caserne : mères, sœurs, femmes, filles, je demeure tellement écœuré que j'en suis à me demander si les plus vils animaux de la création ne sont pas préférables à ces ignobles brutes? De sorte que ne pouvant avoir de sympathie pour nul d'entre eux, je souffre doublement de ne pouvoir être près de vous, de toi surtout, mon cher et bien-aimé père, que j'ai toujours adoré depuis mon enfance, et dont j'admire plus que jamais le caractère et la bonté. Aussi est-ce avec un certain trouble dans les esprits que je constate l'espèce de froideur avec laquelle tu sembles me traiter depuis quelque temps. Je ne sais ce que je puis avoir fait pour t'indisposer à mon égard? Je me perds en suppositions sans pouvoir rien trouver motivant cette attitude si contraire à ton affection pour moi, et j'en demeure tout désolé.

» Que je serais heureux, mon cher père, de savoir ce qui peut t'avoir indisposé contre moi, afin que je puisse me jeter dans tes bras pour implorer mon pardon et me justifier! car si je t'ai offensé, crois-le bien, ce ne peut être qu'involontairement.

« *Plus j'avance en âge et plus je me sens triste ; l'espèce de mélancolie dont je suis la proie depuis ma plus tendre enfance ne fait que me gagner davantage ; d'un caractère observateur et contemplatif, j'ai toujours vu la vie, quoique je fasse, sous les sombres couleurs de la désillusion ; j'ai voulu trouver le remède dans la griserie de l'insouciance, et je n'y ai gagné que la perte d'une situation à prendre et aussi, peut-être, la sympathie de ceux qui me connaissent. — Je suis jeune et déjà je me sens vieux... Enfin ! — dans huit jours je serai près de vous, et le plaisir de vous embrasser, toi et ma chère petite femme, me fera peut-être oublier toutes ces désolantes impressions.* »

A cette lettre si pleine de tendresse, mais empreinte d'un découragement si profond, je répondis sans perdre un instant :

« *Mon bien cher fils ! ta lettre m'a tristement impressionné, et je me sens tout chagrin de voir que tu as pu, ne fût-ce qu'un moment, supposer que mes sentiments à ton égard ne sont plus ce qu'ils n'ont jamais cessé d'être. — Que veux-tu que mon cœur te cache ? mon cher enfant !*

ne t'ai-je pas donné, en tout temps, des preuves sans cesse répétées de mon constant amour pour ma famille, sans montrer jamais, que je sache, de préférence pour l'un de mes aimés? et lorsque mon unique ambition est de te voir heureux, comme tu mérites si bien de l'être, de quelles craintes ta trop vive imagination se prend-elle à se tourmenter? — Non, mon enfant, mon fils bien-aimé! Non! je n'ai rien contre toi, je t'aime comme un brave et honnête garçon, au cœur d'or, à la main loyale et généreuse, à la bouche sincère; j'éprouve souvent, je l'avoue, de l'inquiétude à te voir comme indifférent aux matérielles nécessités de la vie, et c'est ce qui fait que tu me trouves parfois, sous l'influence de ces tourmentantes réflexions, plus assombri que de coutume; mais là s'arrête le nuage qui, même lorsqu'il passe, ne diminue en rien l'affection que je te porte; je trouve que tu ne prends pas assez au sérieux les détails secondaires de la vie, détails que les circonstances font parfois vertus d'un ordre supérieur. Songe que tu es époux et que bientôt tu vas être père! Je te vois t'appuyer sur moi, comme si ma tutelle ne devait jamais te faire défaut, et cela t'endort dans une sécurité dangereuse. — Grâce aux qualités d'ordre et d'économie de ta sainte et courageuse mère, le peu que j'ai gagné par le travail, n'a pas été s'engloutir dans un train de maison en désaccord avec nos modestes revenus, et quelque chose des inventaires annuels a pu rester en réserve, pour assurer notre vieillesse contre la misère, et donner à nos enfants meilleure situation. Mais si tu peux, comme ta sœur, compter sur un petit avoir, dont, en qualité d'héritier de ta mère tu tiens déjà une partie, je n'en demeure pas moins très tourmenté : car, outre que je ne puis accepter ton indifférence en ce qui touche aux questions d'argent, — je me dis que si les fortunes les mieux assises ne sont pas à l'abri d'une catastrophe imprévue, à plus forte raison faut-il craindre pour les petites bourses. C'est pourquoi l'homme et surtout le père de famille, sans trop s'endormir sur le bien venu par héritage, ne doit, avant tout, compter que sur lui-même pour, à l'aide du travail de ses mains ou de son intelligence, être prêt à tous les revirements de fortune. — Je sais bien que ta nature est étrangère à la paresse ; que le fond de ton caractère est sérieux ; très sérieux même, mais tu prends trop à la légère l'organisation d'une société avec laquelle, malgré ses faiblesses et ses vices, il faut toujours compter, et je trouve que tu ne te préoccupes pas assez des moyens pratiques te permettant d'y prendre ta place.

Quoique je me sente encore jeune, en dépit de mon âge, valide de corps et d'esprit, brûlé d'une fièvre d'activité qui me fait croire que je suis encore de force à tout entreprendre, — je ne suis pas pour cela à l'abri de la mort ou d'une maladie venant paralyser mes forces et je me demande, alors, ce qu'il adviendrait en pareil cas?... Car en ta qualité d'homme, c'est à toi et non pas à ta sœur que viendrait incomber le soin de veiller au partage de ma succession : c'est à toi encore que reviendrait l'honneur de veiller sur la conservation de ce peu de bien péniblement acquis. Or, cela me tourmente plus que tu ne sembles t'en apercevoir. Je ne t'apprends là rien de nouveau: en maintes circonstances je m'en suis entretenu avec toi sans que jamais, *par le vague de tes réponses (repoussant l'idée si naturelle de ma mort), tu ne sois venu m'apporter la tranquillité que je rêve. Et cependant cela est si grave que, plus le temps marche, et plus je me sens tourmenté. Ta chère petite femme si digne de l'affection que je lui porte, est une nature toute de tendresse qui sera, j'en suis convaincu, mère caressante et dévouée comme elle est déjà l'épouse méritant ton légitime amour; mais sera-t-elle de force, le cas échéant, à diriger seule la barque dont tu dois être le pilote? — Or, je te le répète, c'est là le grand souci qui amène parfois sur mon front des tristesses allant jusqu'au remords. N'est-ce pas beaucoup nos craintes, à ta mère et à moi, qui ont fait qu'en présence de ta constitution délicate nous avons reculé devant une éducation plus virile que celle qui te fut donnée? éducation qui t'eût mieux trempé pour les luttes à venir..... hélas! mon cher fils! nous avions trop l'amour de la famille, en ce qui touche le côté sentimental de l'existence, et nous avons évidemment été coupables par excès de prudence. — Après la mort de ta mère, quand je me suis* trouvé seul avec toi, (ta sœur mariée depuis quelques années déjà) j'ai pu, quelque temps après, approuvant le choix de ton cœur, t'aider à contracter une union qui m'était d'autant plus sympathique que, conforme à mes idées sur le mariage, elle m'apportait la satisfaction de voir entrer dans notre famille l'enfant de mon plus viel ami, enfant pour laquelle je me sentais, devant sa douceur et ses vertus, pris de la tendresse paternelle que son père en mourant, m'avait comme léguée.... Ah! dans ce jour de fête et d'espérance, quand je t'ai vu aux pieds des autels, échangeant avec ta jeune épouse le oui de vos liens éternels, j'ai senti que j'accomplissais un des plus ardents désirs de ta mère, et que je rassurais ses craintes, comme les miennes, au souvenir de quelques pages volantes où, dans les réflexions, précédant de peu sa mort, se trouvaient les lignes suivantes :

« Notre fille mariée, nous devrions être tran-
« quilles, mais aujourd'hui que notre fils avance
« en âge, sa situation me tourmente. Enfant
« d'une affection et d'une tendresse extrêmes,
« d'une conduite irréprochable, mais hélas !

« *d'une indifférence absolue pour les questions*
« *d'argent, comme pour sa sécurité dans l'ave-*
« *nir… Tant que nous serons là il est sauvé !…*
« *mais nous partis?… mon Dieu! que fera-t-il,*
« *notre enfant? »*

» *Si je te communique ces réflexions de ta mère, c'est pour que tu comprennes bien, sans arrière-pensée, pourquoi, tourmenté comme elle par les mêmes craintes, je garde parfois, à ton égard, une attitude soucieuse que tu interprètes en froideur, alors que je ne t'ai jamais plus aimé.*

Et maintenant, pour ce qui touche à tes camarades de chambrée dont le matérialisme t'inspire un tel dégoût que tu te sens prêt à prendre l'humanité en haine, il ne faut pas l'exagérer les choses. Partout où il y a réunion de personnes il y a pose ; et quand ces réunions se trouvent être exclusivement masculines, il faut s'attendre aux plus monstreuses transformations du genre humain. Selon que le vent souffle, chacun, pour jouer un rôle à sensation, revêt tout costume, emprunte tout langage, propres aux forfanteries sous lesquelles il veut parader. Alors, faisant étalage du scepticisme le plus outré, colorant ses discours d'un argot crapuleux, se vautrant dans la boue, s'avilissant à plaisir pour que la galerie lui prodigue ses rires et ses bravos, il ne laisse plus subsister de lui quoique ce soit qui le rattache à la pudeur, croyant de la sorte faire preuve d'indépendance et s'affirmer en véritable mâle. A qui la faute? sans compter que l'éducation de la plupart de ceux qui t'entourent est moins qu'élémentaire ; que le milieu dans lequel leur jugement s'est formé, n'ayant rien de moral, n'a pu s'inspirer de l'exemple du beau, cette nourriture indispensable à l'âme de ceux qui font leurs premiers pas dans la vie. — Ils sont rares, mon enfant, les jeunes gens qui n'ont, comme toi, jamais rien vu de l'humanité que l'amour de leur famille, et le calme d'un intérieur où tous les membres étroitement unis ne laissent au souvenir de leurs enfants que respect et reconnaissance. — C'est pour cela que le hideux spectacle de mœurs et de sentiments si contraires à tes principes, te révolte d'autant plus que ton honnêteté native n'en pouvait avoir le soupçon.

Oui! tout cela est triste... bien triste.... mais avant de formuler ton sentiment sur toutes ces misères sociales, avant surtout, de maudire ces compagnons que tu te sens prêt à détester, attends qu'une étude plus appronfondie des passions, qui sollicitent la faiblesse des uns et l'ignorance des autres, ait rendu moins inflexibles les légitimes révoltes de ta dignité. **Le** *problème de notre destinée est de complication trop grande pour qu'il nous soit possible de le résoudre à première vue; et, d'autre part, ses résultats sont de trop haute importance pour être abandonnés à la légère. L'humanité forme un tout qui ne souffre pas la désertion et nous fait solidaires les uns des autres; si petite que soit la sphère où se meut notre relative indépendance, le devoir nous impose le sacrifice de nos répugnances pour l'entreprise des tâches les plus ingrates, alors même que nous serions, par avance, convaincus de l'inutilité de nos efforts. Enfin, si réellement aveugle à l'exemple et sourd à la voix des plus accrédités, comme à la prière des plus humbles, cette humanité ne doit jamais, ce dont je doute,* *purifier sa morale, plaignons la mais ne la maudissons jamais !* »

En relisant ces lettres écrites dans un temps où rien ne faisait pressentir la perte de mon fils, en retrouvant là, comme toujours, la preuve incontestable que, préoccupé de son avenir, ma sollicitude ne lui fit jamais défaut, je devrais ne plus douter de moi et demeurer convaincu que j'ai scrupuleusement rempli, selon mon désir de bien faire, mes devoirs de père de famille..... Eh bien ! non ! malgré tout je m'imagine qu'il serait encore là, ce fils aimé, ayant de longs jours devant lui, si je ne l'avais pas laissé pendant les quatorze mois qui ont précédé sa mort, surmener ses forces et se livrer à des imprudences qui, jointes aux souffrances morales que lui causait l'abandon de son merveilleux procédé de décoration, « *La Galvanatypie* », ont déterminé en lui le germe de l'affection dont il a été victime. — Et pourtant que pouvais-je faire ? Obligé de sortir de l'impasse où sa mauvaise étoile l'avait poussé, il n'y avait plus à hésiter devant l'emploi de ses facultés dans une autre industrie que celle de ses rêves. — Ah! pourquoi son amour pour tout ce qui touchait à la mécanique fut-il la cause déterminante qui l'a fait se livrer, à près de 34 ans, aux fatigues d'un aprentissage dont il voulut réduire le temps pour être à même d'assurer, au plus tôt possible, le pain quotidien de sa petite famille!

Nature artiste, intelligente et des plus distinguées; fils modèle, tenant de sa mère par le cœur et la délicatesse des sentiments, mais tenant d'elle aussi, hélas! par un tempérament sujet au cruelles migraines qui furent la cause de continuelles indispositions et d'arrêts forcés dans le cours de ses études. Que de fois je l'ai vu, vaincu par la douleur, pâle et n'en pouvant plus, tomber à bout de forces sur son lit, pour ne se relever que le lendemain encore tout étourdi de la crise qui l'avait tenu pendant de longues heures aux prises avec les élancements si douloureux de son mal! — Cependant, grâce à la générosité d'un sang vierge de toute impureté, à une vie simple, à une conduite exemplaire, sans être un homme robuste, il se présentait dans sa svelte élégance, son

captivant sourire, son accueil plein de cordia-
lité, comme ne devant inspirer aucune crainte
sur l'état général de sa santé. Très réfléchi,
quoique très enfant pour bien des choses, il
adorait les sciences, tout en restant rebelle aux
côtés élémentaires de leur étude. Son esprit
inventif, toujours à la poursuite de quelques
découvertes ou combinaisons nouvelles, vaga-
bondait trop dans l'idéal de ses recherches pour
se soumettre, avec l'attention voulue, à l'aridité
des études de l'algèbre et de la géométrie,
ces froids mais indispensables serviteurs des
sciences exactes. Les langues, la géographie,
l'histoire le laissaient indifférent. Jouant très
peu, sans cesse plongé dans des livres de phy-
sique, de chimie, et surtout de mécanique dont
il saisissait l'esprit à défaut de la lettre ; s'intéressant à tous les procédés de fabrication de
n'importe quel métier ; suivant les ouvriers
dans l'emploi de leur outillage et l'adresse de
leur tour de main, sa mémoire était devenue le
vivant résumé de la bibliothèque des manuels
Roret. Dessinant avec un art bien personnel
et une rare perfection une foule d'ornements

tirés des plantes dont il savait, en s'inspirant de leur esprit, faire des compositions pleines d'originalité et de goût; sa plume et son crayon produisaient à l'envie : lettres ornées, entêtes de chapitres, culs-de-lampe, arabesques de toutes sortes d'une délicatesse et d'un fini faisant autant d'honneur à sa patience et à sa vue qu'ils en faisaient à son talent. Sa passion, quand, subissant les caprices de son art, il se livrait à ce travail aimé, était de saisir la nature sur le vif, en se pénétrant du caractère de chaque fleur ou chaque plante dont il traduisait les beautés. Peu sensible aux excentriques produits d'un savant jardinage, ses yeux en quête de modèles se portaient de préférence sur les humbles de la grande flore des bois et de la plaine. C'est dans la famille, tant dédaignée, de tous les pauvres souffreteux se mourant de soif aux bords de la route, se trainant dans le creux des fossés, s'étiolant entre les pierres dégradées d'un mur tombant en ruines, accrochant leur misère aux ronces épineuses des poussiéreux buissons, que sa science allait chercher l'inspiration, avec le désir d'arracher à l'oubli ce monde de malheureux, méconnus, foulés par les pieds de l'indifférence, quoique si dignes, comme son crayon en apportait la preuve, de fournir à l'artiste une source d'inépuisables richesses. Le chardon surtout l'enthousiasmait, c'était sa plante de prédilection ; l'étudiant avec un véritable amour, il y revenait sans cesse, tant, aux approches de l'hiver, ce vagabond de l'inculte, sous le squelette de sa tige amaigrie, profilant dans les brouillards du matin les grises et rousses dentelures d'un feuillage desséché, lui rappelait ces vieilles ferronneries rongées de rouille, qui restent défendant de leur férocité menaçante le saut de loup des demeures seigneuriales. Que de fois devant l'incontestable talent d'une main si sûre d'elle-même n'ai-je pas désiré voir mon fils se livrer complètement à un art si bien approprié à sa nature contemplative, convaincu qu'il ne tarderait pas à trouver dans cette voie la tranquilité de son avenir. Mais non! les bielles, les volants, les pistons, tout l'attirail des forces mécaniques en pleine activité, le retenaient captif dans son

espoir de devenir un jour ingénieur. Je sais
bien que je n'aurais pas été exempt de craintes
si le poussant dans le dessin ornemental j'eusse
obtenu de lui qu'il en fît son gagne-pain, sa
trop grande modestie, lui cachant son mérite,
faisait de lui un timide, ne voulant jamais
regarder ses études artistiques comme présen-
tables. De là l'éternelle reprise du motif
qu'il avait pris pour modèle. J'avais beau
combattre cet excès de conscience, démontrer
que vouloir le parfait c'est poursuivre l'impossible ; que revenir sans cesse sur l'enlevé du
premier jet c'est en détruire la franchise ;
qu'une œuvre se déflore aux retouches continuelles d'une main tourmentante, et que ce
manque de toute hardiesse ne laisse plus
rien paraître du tempérament de l'artiste,
c'était plus fort que lui. « Non ! » disait-il,
« je sens que je n'ai pas encore le savoir que je
« rêve ; laissons dormir dans leur carton ces
« faibles ébauches. J'ai là, dans la tête, un
« monde de compositions que mon crayon ne
« saurait rendre ; il me faut travailler, travailler
« longtemps encore, avant de livrer au jour

« mieux que ces quelques essais, que tu regar-
« des avec l'indulgence d'un père. » Et nos
discussions sur ce sujet se renouvelaient sans
cesse, sans que sa grande confiance en l'autorité de mon jugement , en semblable matière,
se fût laissée convaincre. — J'avais, cependant,
à force d'insister, obtenu de lui l'exécution de
quelques délicieux enroulements destinés à
l'ornementation de poésies que j'avais rimées
pour l'artiste : chardon, séneçon, myosotis,
herbes folles, autant de petits sujets traités
en quelques vers pour faire corps avec le dessin que sa plume traçait avec la pureté d'une
gravure. — Ces compositions lui valurent,
aux expositions du Blanc et du Noir, l'éloge
désintéressé de plusieurs critiques d'art, ainsi
que des récompenses de la part du jury : men-
tion honorable 1890, médaille d'argent 1892.
— De plus l'organisateur de ces expositions
M. E. Bernard, l'éditeur du Paris-Salon ,
Champs-Elysées et Champs-de-Mars, par Louis
Enault, lui fit l'honneur de réclamer de son
savoir deux dessins pour orner la couverture
des livrets de l'année 1891. Sollicité égale-

ment par MM. Wulliam et Farge, architectes dirigeant une publication mensuelle « *La décoration ancienne et moderne* », il leur abandonna le droit de publier dans leur ouvrage un encadrement gothique enfermant dans la richesse de sa composition un sonnet sur Strasbourg. Ces succès dépourvus de toute réclame auraient dû rassurer ses hésitations, et j'espérais que leur stimulant allait le trouver prêt à me suivre dans mon projet de faire, en collaboration, un album dans lequel ma plume et son crayon, rivalisant d'ardeur, eussent offert au public le résultat de notre dualité d'efforts... Espoir déçu ! cette terrible manie d'abandonner l'œuvre en cours d'exécution pour la recommencer à nouveau le faisait tourner sans cesse dans le cercle vicieux dont il était impossible de le faire sortir.

Tout dans la vie de ce pauvre enfant n'a été que déception ; bien jeune, car il n'avait encore que neuf ans, comme l'Exposition universelle de 1867 allait s'ouvrir et que nous étions allés tous deux voir les derniers préparatifs, son imagination fut prise d'un enthousiasme sans bornes : l'aspect de ce bâtiment grandiose, ces énormes machines que l'on voyait se dresser du haut du promenoir qui les surplombait, l'animation fiévreuse de cette armée de travailleurs en pleine activité, emplissant d'un bruit de marteaux, de scies et de ferrailles l'immensité de cette ruche humaine, firent sur lui une impression telle qu'à partir de ce moment, saisi d'admiration et comme grisé par un spectacle si nouveau pour lui, il ne rêva plus que fer, cuivre, engrenages, avec le désir d'être un jour ingénieur. — Que de fois je l'ai vu, au cours des nombreuses visites que nous fîmes à cette exposition, en extase devant l'appareil des forces motrices du navire de guerre « Le Friedland » ! les puissantes chaudières de ce colosse, ses fournaux s'ouvrant comme de larges cavernes où s'engouffrait le charbon, l'hélice dont l'arbre gigantesque reposait sur la berge de la Seine dans son imposante majesté, tout cela captivait cette jeune imagination. C'était l'éveil de ses facultés vers une science qui le trouvait admirablement doué, tant ses observations, si bien au-dessus de son âge et de ses connaissances, portaient déjà les germes d'un esprit clairvoyant, cherchant à se rendre compte des moindres détails avec l'instinct bien caractérisé d'une nature intelligente et novatrice.

Les vocations sont choses si difficiles à reconnaître, surtout chez l'enfant, qu'il y a danger à trop facilement s'endormir sur les dispositions apparentes, mêmes sincères, qui se manifestent dans le sujet que l'on étudie. Entre se sentir épris d'un art, d'une science, d'une industrie ou d'un commerce et porter en soi les éléments propres à l'exercice de cet art, de cette science, de cette industrie ou de ce commerce, il y a bien souvent les surprises de l'inconnu. Malheur! quand ce n'est que sur le tard qu'on s'aperçoit, lancé que l'on est sur le chemin de ses rêves, de l'obstacle imprévu qui vient vous barrer le passage pour vous laisser sur place, épuiser inutilement le reste de vos forces. Mon pauvre fils en est un bien cruel exemple. Tout en lui dénotait des aptitudes exceptionnelles pour ce qui touche aux sciences mécaniques : son œil si prompt à saisir la raison et les organes d'une machine, d'en

deviner les côtés faibles, d'en pressentir les
améliorations, me donnaient de sérieuses garanties sur ses goûts prononcés pour devenir
ingénieur.

Très adroit de ses mains, il avait à l'aide
d'un outillage élémentaire fabriqué par lui,
joint à des procédés bien personnels, montré
dans l'exécution de quelques travaux jusqu'à
quel point son esprit inventif était l'ennemi de
la routine. Que de fois à la poursuite d'une
idée qu'il supposait nouvelle, cette même
idée trouvée soudain décrite dans un livre de
science, ne s'est-il pas senti, malgré la désillusion de se voir n'être pas le promoteur de cette
invention, tout fier de sa rencontre avec des
Maîtres, preuve incontestable qu'il avait quelque chose dans la tête et qu'il ne raisonnait pas
dans l'absurde. Que de conceptions originales
et pleines d'ingéniosité ne lui ai-je pas vu
développer devant moi, avec une chaleur de
conviction d'autant plus communicative que le
résultat positif de la plupart de ses expériences m'inclinait à la confiance. — Eh bien! cette
nature si complète pour ce qui est l'âme d'une

vocation ; ce cœur si passionné pour la science qu'il poursuivait ; cette intelligence si bien faite pour devenir un ingénieur de premier ordre, ont vu toutes leurs qualités réduites aux seules ressources d'une imagination féconde et sagace, n'ayant jamais pu se plier aux torturantes études des calculs mathématiques. De plus, paralysé, dans ses tensions d'esprit, par les fréquentes migraines auxquelles il était sujet, force fut, par ordre de notre docteur, sous peine de fièvre cérébrale, d'abandonner les études qu'il poursuivait en vue de se présenter aux examens nécessaires pour entrer à l'École Centrale, et en sortir avec son brevet d'ingénieur.

Quel épouvantable réveil, aussi bien pour moi que pour lui, et que j'ai souffert de sa souffrance quand il a fallu que nous nous demandions sur quelle route présentement allaient se diriger nos pas. J'ai là, parmi les quelques souvenirs se rattachant à l'époque de son entrée dans l'école préparatoire qui devait le conduire devant les examinateurs de Centrale, quelques réflexions, tracées de sa main, dans des notes qu'il se faisait un devoir de continuer : « *Dans trois jours* (écrivait-il, en date du 29 août 1875), *dans trois jours, je vais entrer dans l'école préparatoire que mon père m'a trouvée. — Je vais donc me livrer aux grandes études que j'ai voulu suivre et pour lesquelles mes parents vont s'imposer de nouveaux sacrifices. Ce serait bien mal à moi de ne pas les récompenser par les succès de mon travail ; aussi suis-je décidé à ne pas faillir à mon devoir, c'est pourquoi je m'engage devant Dieu, à qui je dois le bonheur et l'affection dont je suis entouré, de faire tout mon possible pour arriver à bien. — La tâche me sera d'autant plus facile que je n'aurai qu'à suivre les conseils de mon père. — Comment vais-je trouver mes nouveaux professeurs ? et que me réserve l'avenir ?... sortirai-je bon élève à la suite des études que j'entreprends ?... Toute la question est là !... que Dieu me soit en aide !.. »*

Que ces lignes sont bien, dans leur simplicité presque enfantine, l'expression de sa belle nature ! Que d'amour filial dans les espérances mêlées de craintes dont il était tourmenté à ce moment si grave qui le voyait faisant son examen de conscience.

Ce cœur d'or n'avait que bon vouloir, alors que sa constitution, rebelle aux fatigues des calculs, si contraires à ses aptitudes, devait faire obstacle à la réalisation de ses rêves. Qu'allait-il faire à présent?... question terrible, pleine d'inconnu et dont, à partir de ce moment, nous ne pourrons plus nous échapper.

Comprenant combien il est difficile dans les Arts, souvent même avec quelque talent, de se créer une situation, qui vous permette de faire face aux besoins d'une famille, j'avais, peu de temps avant mon mariage, abandonné la peinture et cherché dans le dessin industriel le moyen d'utiliser le peu de savoir de mon crayon : et, travaillant pour les modes, d'abord, le décor d'ameublement ensuite, j'étais parvenu, non seulement à satisfaire aux lourdes charges d'un jeune ménage, mais encore à créer une maison pouvant prendre place parmi les premières de son genre. Continuer l'exploitation de cette maison sortie des difficultés de son début, avec une clientèle toute faite, un outillage complet, un personnel de choix, était chose d'autant plus facile pour mon fils, que j'étais disposé à demeurer en association avec lui avant de l'abandonner à ses propres forces. Et comme, aidé de mes conseils, sa science dans le dessin, jointe à l'originalité de ses conceptions, ne pouvaient que devenir de précieux auxiliaires dans une industrie toujours en quête de nouveautés, je voyais là, pour lui, son avenir assuré. — Après avoir, en famille, longuement débattu cette grave résolution, mon fils, se soumettant à mon désir, fit son entrée dans mes ateliers en qualité de second moi-même. Nous étions alors bien loin des locomotives et autres moteurs mécaniques dont le souvenir chagrinait sa pensée. Cependant comme il avait bon courage et que, de plus, il se trouvait, vu sa nature artistique, n'être pas étranger à ce qu'il allait entreprendre, la réussite eût bien certainement couronné ce raisonnable projet. — Il a fallu, pour en changer du tout au tout la direction, qu'un évènement inattendu vînt ouvrir devant nous des horizons nouveaux.

Dans le but d'exploiter un brevet pris sur la composition d'une palette à base de couleurs tinctoriales, permettant d'exécuter sur tissus des imitations de tapisseries et de donner, par le pinceau, l'apparence d'œuvres sortant des manufactures des Gobelins ou de Beauvais, une Société au soi-disant capital de 500.000 fr., vint m'offrir la direction des travaux artistiques de cette exploitation sans m'imposer pour cela la cessation de ma propre industrie, laquelle, au contraire, devait venir s'unir aux tapisseries peintes et donner à ma maison une extension d'autant plus considérable que le capital de la société serait là pour soutenir les efforts d'une entreprise en grand. — Les spécimens très concluants de ces imitations de tapisseries, parlaient trop en faveur de son procédé pour ne pas conquérir, à première vue, l'admiration générale. En ma qualité d'ancien élève de l'atelier Léon Cogniet, je me trouvais être le camarade, et souvent l'ami, d'un grand nombre d'artistes, voire même des plus illustres.

Tous me promirent de s'essayer à ce genre de peinture, dont le mat velouté leur permettait de fournir, pour la décoration des palais et châteaux, des œuvres d'un charme de beaucoup supérieur aux travaux de la peinture à l'huile, dont les miroitements et les embus sont le désespoir des faux jours, et surtout de la lumière des lustres. — Comment dès lors n'être pas séduit par une offre qui, me rapprochant du grand Art où se fit mon éducation première, me permettait, débarrassé des soucis d'argent et autres craintes, de me livrer librement aux multiples combinaisons décoratives que ma nature, assez novatrice, rêvait depuis longtemps? — Comment hésiter, surtout quand je voyais s'offrir, entre autres avantages, une véritable situation pour mon fils? Ne devait-il pas, près de moi, avec de beaux appointements, un intérêt dans les bénéfices, faire un heureux retour vers l'une de ses sciences aimées, la chimie, en s'occupant de la préparation comme du perfectionnement des matières tinctoriales mises au service de la nouvelle palette?

C'est donc avec une entière confiance dans le résultat de l'entreprise que fut signé, par mon fils et par moi, le contrat d'engagement qui du jour au lendemain apportait une véritable

révolution dans mes ateliers. — Malheureusement, le chiffre pompeux de 500.000 fr. annon-
cé comme souscrit lors de la fondation de la
dite société, était bien loin d'exister en espèces :
des souscriptions de complaisance et des combinaisons de coulisse, adroitement dissimulées,
avaient fait d'un brevet devant servir à l'exploitation d'une entreprise industrielle, un simple
tripotage de banque. — Je passe sous silence
les pénibles détails de cette triste affaire pour
arriver à dire que les quelques fonds versés
par les naïfs s'étant vite épuisés, il fallut sus-
pendre les commandes, remercier artistes et
ouvriers pour entrer dans la voie des procès, et
finalement mettre la société des tapisseries en
demeure de liquider sa situation par une vente
en bloc des brevets, matériel, et marchandises
faisant partie de l'entreprise. — Deux groupes
s'étant formés en vue de devenir acquéreurs de
cette mise en vente, chacun d'eux vint nous
offrir, par avance, à mon fils et à moi, de lui
continuer notre concours, dans les mêmes
conditions que celles nous ayant été faites par
la société précédente. — Comme un seul de

ces deux groupes avait, en plus de notre sympathie, notre entière confiance, c'est vers lui que, sans attendre le résultat de la vente, nous allâmes porter notre adhésion. Malheureusement, contre toute prévision, nos adversaires ayant surenchéri sur le maximum fixé par nos futurs commanditaires, il nous fallut dire adieu aux espérances conçues. Déjà l'on allait se séparer quand mon fils qui, dans ces derniers temps, avait eu l'idée de faire l'essai d'une décoration par les plantes naturelles traitées et métallisées par des procédés faisant l'objet d'un brevet, vint soumettre à nos commanditaires quelques spécimens de cette ingénieuse décoration : l'effet fut tel qu'à l'unanimité il fut décidé que les fonds destinés à l'exploitation des tapisseries peintes seraient reversés sur le « *Sylvain-Décor* », nom sous lequel avait été pris le brevet. — Quelle ne fut pas ma joie en constatant que du premier coup, mon fils, en affirmant sa valeur, donnait une preuve de son esprit inventif en même temps qu'il donnait la note de son tempérament d'artiste !

— Nous étions à ce moment à la veille de son

départ pour son volontariat : mais en attendant son retour parmi nous, pour perfectionner sa découverte, j'étais là me faisant fort de mener à bien les débuts de l'entreprise. — Que de belles promesses nous apportait l'avenir du *Sylvain-Décor*, et comme tout semblait vouloir concourir à son rapide succès : artistes, décorateurs, architectes, tapissiers, public ! ce n'était qu'un cri d'admiration devant les travaux sortant de nos ateliers ; les commandes affluaient, les plus riches demeures nous ouvraient leurs portes, tandis que déjà nombre de pâles imitateurs cherchaient par toutes sortes de moyens à tourner le brevet de mon fils en vue de lui faire concurrence.

Oui, c'était bien pour l'inventeur du *Sylvain-Décor* la gloire et la fortune, et la situation de mon fils, par deux fois menacée, semblait enfin définitivement bien assise. — Mais il était dit que sa destinée ne serait qu'une suite de douleurs. Obligé que j'étais de faire face aux difficultés d'une fabrication nouvelle nécessitant un personnel à former, sans pour cela me dessaisir des soins à donner à mon industrie du dessin de l'ameublement ; ayant, de la sorte, deux ateliers importants dont le nouveau, celui pour le *Sylvain-Décor*, se trouvait aux extrémités de la rive gauche, alors que, moi, j'étais tenu sur la rive droite ; forcé de tarifer les travaux à un prix très élevé, conséquence d'une organisation défectueuse et tout indépendante de ma volonté ; n'osant pas demander à nos commanditaires un capital plus important avant de leur avoir donné l'affirmation d'un grand avenir dans le *Sylvain-Décor*, je piétinais sur place faute d'un peu de cette hardiesse, souvent téméraire, qui fait le succès ou l'effondrement des intrépides.

Aujourd'hui que je revois, à tête reposée, la situation de cette époque de lutte et de fièvre je reste convaincu, comme alors, que nous tenions tous les éléments d'une fortune. Quel succès que notre exposition au Palais de l'Industrie en 1882, alors que, dans un emplacement bien en vue, se trouvaient réunis les multiples travaux de notre fabrication, et que le prospectus suivant distribué à nos nombreux visiteurs résumait les ressources de cette belle décoration !

LE SYLVAIN-DÉCOR

DÉCORATION NOUVELLE PAR L'EMPLOI DES PLANTES NATURELLES

PROCÉDÉ JUNCKER FILS, BREVETÉ S. G. D. G.

Le Sylvain-Décor, *Sylvain* : la forêt devenue le décor; c'est la nature elle-même, de laquelle tous les styles se sont inspirés, qui, matière décorative à son tour, vient se prêter à la création d'un nouveau genre.

Le Sylvain-Décor, c'est-à-dire l'immense herbier de la flore terrestre livrant toutes les ressources de son inépuisable fécondité à l'œuvre entreprise; c'est, de partout, cette végétation sans fin, que chaque automne voit mourir et chaque printemps renaître; qui, sur la toile ou le bois, la pierre ou le marbre, le bronze ou le cristal, apporte un élément décoratif du plus merveilleux effet.

Aussi dès ses premiers essais, le Sylvain-Décor (alors que ses moyens d'emploi, qui font l'objet de son brevet, furent trouvés) a donné immédiatement d'étonnants résultats. Quand, sous la main d'ouvriers intelligents, la plante, prise dans son vif, emprisonnée, puis métallisée, vient, sous les ors, les bronzes, les colorations de toutes sortes, jeter ses splendeurs à ce que l'imagination peut rêver de plus inimitable, on croirait assister à quelque transformation féerique de la nature.

C'est surtout dans les panneaux, ou grande décoration murale, que le Sylvain-Décor trouve sa véritable place; plus le développement de l'espace laisse à l'artiste de champ libre pour sa composition, et plus les effets qu'il peut tirer des généreuses ressources dont il dispose sont remplis d'imprévu.

Que l'œuvre soit sobre ou surabondante, presque plate ou en haute saillie; que sa tonalité éblouisse ou repose les yeux, l'ensemble de ce beau décor qui chatoie au grand jour, dans la pénombre ou sous l'embrasement des lumières, enveloppe tout le mobilier des chauds rayons dont il le caresse; et, comme une pièce d'orfèvrerie d'une valeur inappréciable, d'autant plus précieuse qu'elle est unique, il vient défier, par la variété de ses formes, le fini de ses détails, la grâce de ses mouvements, en un mot, par ce charme de la vie dont il garde le secret, tout ce que pourrait produire la science du plus habile et du plus patient ciseleur.

Déjà nombre d'applications de ce procédé sont venues, comme autant d'heureux spécimens, enrichir le domaine de son exploitation : écrans de mille formes, paravents remplis d'originalité, panneaux de porte, encadrements de glaces ou d'œuvres artistiques, riens charmants de toutes sortes... la voie est sans limite et les louanges que nos plus grands artistes, architectes, peintres, sculpteurs, ont données aux résultats obtenus par le Sylvain-Décor, ont consacré son succès et fixé dès à présent sa place dans l'ameublement de grand luxe.

A ce moment mon fils revenu parmi nous depuis déjà quelque temps, tout heureux de ses succès, poursuivait avec une nouvelle ardeur le cours de ses recherches, bientôt pas-

sant de sa métallisation première, par l'étain,
à celle du recouvrement par le cuivre, puis
enfin! dernier progrès, obtenant la transformation complète des objets : bois, feuilles, fleurs
ou fruits, en métal plein, en unissant par une
ingénieuse et savante association les procédés
de la galvanoplastie à ceux du fondeur. Et
comme cette précieuse découverte procédait
par des moyens complètement différents de
ceux employés dans le Sylvain-Décor, ce fut la
raison d'un nouveau brevet, pris sous la dénomination de « *Galvanatypie* », brevet dont
on comprendra toute l'importance en lisant
le suivant prospectus qui fut imprimé pour les
besoins de la cause.

LA GALVANATYPIE

Breveté S. G. D. G.

PROCÉDÉ JUNCKER FILS

La Galvanatypie (Galvan-a-typie, c'est-à-dire :
Galvanoplastie faite sans moule) a pour objet
de transformer en MÉTAL PLEIN les plantes,

feuilles, fleurs, etc.. enfin toute chose propre à
une ornementation quelconque.

La Galvanatypie diffère de la galvanoplastie
et de l'art du fondeur dont elle est l'association,
en ce que ses résultats sont tout autres que les
produits de l'une ou l'autre de ces deux industries, et qu'elle apporte une décoration d'autant plus neuve et plus illimitée dans ses ressources, que la nature vient lui prêter son
inépuisable concours.

La Galvanatypie n'est donc plus, comme
dans la galvanoplastie, l'épreuve tirée d'un
moule pris sur nature, ou le recouvrement, à
plus ou moins d'épaisseur, d'un métal sur
l'objet naturel que l'on traite. — Non! — C'est
le modèle lui-même, qui, sous les différentes
opérations de la galvanatypie, abandonne toutes
les parties de sa constitution primitive pour les
voir remplacées par le métal servant à sa
transformation. — Ainsi, supposons le bois
d'un branchage à traiter par la galvanatypie :
le voici d'abord recouvert d'une couche mince
de métal par les moyens connus de la galvanoplastie. Si dans cet état on fait disparaître, par

brûlage ou dissolution, le bois emprisonné, que
restera-t-il? Une coquille métallique remplaçant
l'objet disparu, mais si légère et si faible qu'il
suffit de la moindre pression pour l'écraser.
Que dans cette coquille on vienne à couler un
métal en fusion pouvant se souder de telle sorte
qu'il fasse corps avec elle, on a bien dès lors,
un objet semblable à une pièce fondue dans le
sable en métal plein, et de plus ne nécessitant
aucune retouche. Je ne saurais trop insister
sur ce point, attendu que nombre de personnes se butent à l'idée que cette dénomination
« métal plein » ne doit pas être prise à la lettre,
et que la plante, la fleur, le bois, etc., traités
par les procédés de la galvanatypie n'ont pas
complétement disparu du métal qui les enve-
loppait, alors que ses produits sont dans les
conditions de force et de durée de la véritable
fonte, pouvant se limer, river, souder, si bien
que la grille d'un parc, le balcon d'un hôtel, la
rampe d'un escalier, peuvent, de même que les
plus mignons bibelots d'étagère, être décorés
par le travail de la galvanatypie.

C'est ce qui fait la supériorité de ses produits

sur tous ceux similaires de ce décor, en ce qu'ils donnent, dans toute la beauté et le charme de ses détails, la nature sans retouche. Décor des plus variés, se prêtant à l'emploi d'un nombre indéfini d'ornementations ; décor toujours original, puisqu'il demeure sans seconde épreuve. Enfin décor de l'emploi le plus facile pouvant s'utiliser dans les mêmes conditions (quoique d'un autre style) que le fer forgé, aujourd'hui en pleine vogue, et de plus garanti de la concurrence par la protection de son brevet.

Si des résultats indiscutables de la galvanatypie qui a reçu les éloges de nombre de grands artistes, nous passons au côté pratique de son exploitation, c'est-à-dire à ses prix de revient, il résulte de cette étude que la mise en activité d'un atelier, même très important, ne nécessite de la part de son personnel, ni spécialité ni difficile et long apprentissage. Les opérations sont simples, l'exécution rapide ; nombre des parties du travail peuvent être faites par des mains féminines, très propres à la délicatesse de certaines préparations. Il est donc facile,

dans ces conditions, de donner à des prix relativement doux un décor qui ne le cède en rien
aux travaux les plus artistiques, et qui peut
figurer avec avantage dans l'ornementation
du haut luxe. Il n'en faudrait pas cependant
déduire que les produits de la Galvanatypie
peuvent satisfaire aux exigences de prix de
l'article courant et d'exportation. — Non ! —
Car si les matériaux, la plupart gratuits, que
donne la nature sont faciles à se procurer, il
n'en reste pas moins un travail tout spécial
d'abord, et de plus l'absolue nécessité d'une
main artiste présidant à un arrangement sans
lequel il n'y a pas de décoration possible. —
Si la galvanatypie est inférieure au prix de
revient des bronzes ciselés, elle n'en reste pas
moins d'un prix plus élevé que la galvanoplastie et le repoussé. On peut dire que ses
tarifs, sans être exagérés, sont la garantie de sa
valeur pour la place qu'elle revendique dans la
décoration de luxe moyen comme de celle de
grand luxe.

CHARLES JUNCKER.

C'était un véritable défi jeté à toutes les industries métallurgiques qui, par l'estampage, le martelage et la ciselure, cherchent à se rapprocher le plus possible de la nature. Il ne s'agissait plus, dès lors, que de trouver les capitaux nécessaires à l'exploitation, en grand, de ce fortuné brevet, car deux de nos commanditaires du « *Sylvain-Décor* », victimes de désastres financiers, n'ayant pu remplir leurs engagements avec nous, il fallut se séparer à l'amiable pour entrer dans une autre combinaison qui n'ayant pas abouti non plus nous réduisit, mon fils et moi, à nos propres ressources, lesquelles étaient complètement insuffisantes pour une entreprise comme celle de la *Galvanatypie*.

Nous étions alors en 1885, et dès le commencement de cette année une exposition purement scientifique, ouverte dans les salles de l'Observatoire de Paris, et s'adressant à tous les inventeurs dont les découvertes se rattachaient à l'électricité, fut organisée sous la présidence de M. Georges Berger. Les travaux de mon fils, se rattachant indirectement à la galvanoplastie, une place fut réservée aux spécimens de la « *Galvanatypie* », et deux panneaux, plus un grand vase, autour duquel s'enlaçaient avec art des branches de vigne et de platane, furent envoyés à cette Exposition. M. Georges Berger n'eut pas plutôt été mis en présence de cet envoi, que, s'en éprenant d'une façon toute particulière, il s'empressa de le sortir de la salle, un peu reculée, qu'on lui destinait pour lui faire les honneurs du salon principal. Le grand vase, trônant au milieu, sur son piédestal, fut un véritable succès pour mon fils. La foule des visiteurs, à cette Exposition tant suivie, pendant les 15 jours de son installation, s'arrêtait émerveillée devant cette œuvre si différente de toutes les tentatives faites dans ce genre. Le jour de l'inauguration de cette Exposition, mon fils, en habit noir, cravaté de blanc, s'était rendu à l'invitation qui lui avait été faite. Cela se passait le soir du samedi 21 mars. Quand il revint, à plus de minuit, à la maison où sa mère et moi l'attendions avec impatience, quelle joie éclatait dans ses

yeux, quel débordement de son bonheur dans
les baisers qu'il nous donnait en échange de
ceux qu'il nous était si doux de lui rendre.

Cette soirée avait été, pour ce cher enfant,
la source d'une véritable ivresse. Encore tout
étourdi d'un succès dépassant ses espérances,
il n'avait plus d'expressions pour nous pein-
dre son triomphe. Parti non sans quelques
craintes, et redoutant l'épreuve de cette soirée, il revenait avec l'affirmation de sa juste
valeur. Ce n'était pas un public banal et
sans autorité qui venait de verser sur son
front le baptême de la gloire. Non! car ceux
qui l'entouraient, le complimentaient, le pres-
saient de questions, n'étaient rien moins qu'une
réunion d'académiciens, d'hommes de science,
d'industriels de premier ordre, légionnaires de
tous grades, ne pouvant s'expliquer par quel
moyen pratique l'auteur de ce travail avait pu
faire subir à la nature une semblable transformation métallique, sans rien détruire ni déformer des finesses comme des beautés du modèle.
Emporté dans le bleu de l'idéal, encore sous le
brouhaha des louanges dont la musique l'avait

tant charmé, il sentait s'épanouir en lui, sous les caresses du succès, les plus beaux rêves d'avenir.

Les revues et journaux ne lui ménagèrent pas leur admiration ; parmi ceux qui s'intéressèrent le plus aux œuvres de mon fils, je citerai : *Science et Nature*. En date du 2 mai 1885, livraison 75, M. Emile Bouant écrivait, après une assez longue description des procédés de la Galvanatypie : « *Tous les visiteurs de l'exposition d'électricité de l'Observatoire ont admiré le magnifique vase* [1] *exposé par Juncker fils, dont l'ornementation était constituée par l'enlacement d'une branche de vigne et d'une branche de platane, l'une et l'autre portant ses fruits.* — *Deux panneaux avec fond en velours grenat produisaient aussi un bel effet décoratif* ». Également dans la livraison 629, La *Nature*, de Gaston Tissandier, en date du 20 juin, M. G. Mareschal disait : *Les nombreux visiteurs de l'électricité organisée il y a quelques mois à l'Observatoire de Paris, ont remarqué le magnifique vase et les panneaux décoratifs qui ornaient*

---

1. La reproduction de ce vase et de l'un des panneaux figuraient en gravures intercalées dans le texte.

une des extrémités du *grand salon ; mais bien
peu ont pu se rendre compte de la façon dont
ils avaient été obtenus et beaucoup seront éton-
nés lorsque nous leur aurons dit qu'ils avaient
là, sous les yeux, la nature elle-même. Les feuilles, les branches, les fruits qui formaient ces
décorations artistiques, avaient en effet été pour
ainsi dire changés en bronze comme par enchan-
tement. M. Juncker fils, qui exposait ces remar-
quables objets, les obtient à l'aide de nouveaux
procédés galvanoplastiques...* » Suit la description du brevet la Galvanatypie.

Enfin, plus tard, Louis Figuier, dans son
supplément des « *Merveilles de la Science* »,
associant le nom de mon fils à toutes les célé-
brités modernes, lui fit l'honneur, dans la livraison 60 du tome premier de cet ouvrage, de
consacrer une place aux travaux de la galvanatypie et d'en parler dans les termes suivants :
« *L'art, si intéressant, de la reproduction des
objets naturels, a été perfectionné récemment
par un artiste habile, M. Juncker.*

*M. Juncker obtient, par le procédé qu'il
nomme Galvanatypie, les ornementations, les*

plus variées, en même temps que les plus artis-
tiques, en métallisant des feuilles, des fleurs ou
des fruits.

Dès qu'un dépôt assez résistant, quoique très
mince, est obtenu par les procédés ordinaires,
M. Juncker détruit la matière organique qui a
servi de moule, et il la remplace par un alliage
fusible ; mais auparavant, les fleurs et les fruits
sont groupés d'une façon gracieuse autour d'un
vase métallique approprié, et le tout est argenté
par la méthode électro-chimique ordinaire.

Il est évident qu'un semblable travail exige
surtout une grande habileté de main et un goût
éclairé ; mais les produits obtenus, tout en cons-
tituant de belles œuvres d'art, dont aucune cise-
lure ne saurait atteindre la perfection, permet-
tent de vulgariser, en les mettant à la portée de
tous, des créations artistiques.

Elles sont d'autant plus dignes d'intérêt que
leur ensemble est une très exacte reproduction
de la nature.

La galvanatypie diffère du recouvrement d'un
objet par la galvanoplastie, en ce que l'on n'est
plus en présence d'un type déformé ou fragile,

selon que le métal déposé par la pile est de forte ou de mince épaisseur, mais bien devant une masse pesante, rigide, sonore comme le bronze, conservant les puretés et les formes du modèle, et de plus n'exigeant aucune retouche, pouvant se modeler et se river comme les métaux et propre, dès lors, à tout emploi décoratif.

M. Juncker ne fait pas connaître le procédé particulier, ou le tour de mains qu'il emploie. Nous ne pouvons donc donner à ce sujet des explications complètes, et nous nous contenterons de montrer dans les figures 402 et 403, la reproduction d'un vase ornementé et d'une branche de platane par les procédés de cet opérateur.

Vu l'importance, par sa popularité, de l'ouvrage des *Merveilles de la Science*, de M. Louis Figuier, j'ai tenu, le nom de mon fils ayant l'honneur d'y figurer, à copier dans son entier l'article concernant la *Galvanatypie*, malgré de graves erreurs au sujet de ses procédés de fabrication.

Je ferai, à la fin de ce volume, en même temps que je dirai ce que sont devenues les œuvres de cette exposition, une étude raisonnée sur la

Galvanatypie et l'on verra ce qu'il a fallu de patience et d'ingéniosité pour, non seulement arriver au résultat obtenu, mais encore pour rendre pratique, industriellement, ce beau décor qui peut se prêter à tant d'applications diverses.

A la suite de cette exposition dans laquelle la *Galvanatypie* avait emporté un si légitime succès, mon fils, reconnaissant de l'intérêt, tout particulier que M. Georges Berger lui avait porté, (ce dernier ne manquant jamais de conduire tout illustre visiteur devant ses travaux), crut devoir le remercier par l'envoi d'un spécimen de la *galvanatypie*. — M. Georges Berger, très sensible à cette gracieuseté, s'empressa de répondre par une lettre des plus aimables dont voici la copie :

« Je suis touché par l'expression que vous voulez bien me transmettre de votre sympathique reconnaissance. J'ai agi à votre égard comme mon devoir et mon amour du travail noble me commandaient de le faire. — Lorsque tant d'autres réussissent plus ou moins bien à se faire artistes en copiant ou interprétant la nature, vous êtes arrivé à faire de celle-ci votre collaborateur au

premier degré. — Vous détruisez ces productions éphémères et vous les faites renaître en une matière impérissable; vous trouvez, en outre, le moyen de donner à vos œuvres l'originalité individuelle, — je dirai presque que vous embellissez les combinaisons végétales en les pliant à votre bon goût et en substituant le caractère ornemental à leur aspect sauvage et fruste. — Je vous prédis le succès autant que je vous le souhaite; — je serais heureux si j'avais la conscience d'avoir contribué, pour la moindre part, à la divulgation de vos mérites indéniables ».

Comment à partir de ces heures enivrantes, sous l'influence d'un succès dépourvu de toute réclame et camaraderie, ne nous serions-nous pas trouvés pleins de confiance en l'avenir, comme nous l'avions été déjà, pour le *Sylvain-Décor?* — Les louanges que mon fils venait de recevoir partaient de trop haut pour laisser subsister le moindre doute sur la valeur des travaux de la *Galvanatypie.* Ainsi le but poursuivi, avec tant de persévérance, était atteint. Restait à trouver les capitaux nécessaires à l'exploitation du brevet, car ce n'était pas avec le peu d'argent de mon fils, un outillage incomplet, un personnel nul que la Galvanatypie pouvait fabriquer la série d'échantillons qui lui étaient indispensables pour prendre des commandes, comme, également, pour exécuter les travaux qu'on était prêt à lui confier.

Mais l'argent si peu farouche à l'appel de combinaisons financières qui promettent, à grand renfort d'orchestre, des bénéfices insensés, reste défiant pour l'entreprise d'une honnête industrie, quelles que soient les garanties qu'elle offre et les bénéfices raisonnables qu'elle affirme. Ce n'est qu'à l'aide du levier de la réclame que, s'appuyant sur la bêtise humaine, les malins font sortir les millions de la bourse de naïfs actionnaires, lesquels souvent, malgré les pertes subies, gardent encore assez de stupide confiance en ceux qui les ont ruinés, pour être prêts, le cas échéant, à leur porter à nouveau d'autres économies.

Plusieurs fois, cependant, dans le milieu restreint où se tenait la timide réserve de nos appels aux capitalistes, nous avons cru tenir l'associé ou les commanditaires insaisissables

Toujours des obstacles comme créés à plaisir venaient réduire à néant l'ébauche des négociations entreprises. — Pour n'en donner qu'un exemple, il me suffira de dire que peu de temps avant l'ouverture de la grande Exposition universelle de 1889, une personne, éprise des travaux de la Galvanatypie, se trouvait disposée à mettre, entre les mains de mon fils, les fonds nécessaires à une entreprise d'essais. Les conditions de cette commandite arrêtées, le contrat d'engagement prêt à signer la personne tombe malade, se trouve obligée d'aller, par ordre des médecins, dans le midi, où, après quelques mois de séjour elle meurt, laissant mon fils en face d'une nouvelle déception.

Dix années d'essais, de recherches en perfectionnements, étaient venus diminuer le petit héritage que mon fils tenait de sa mère. L'âge avançait, et le pain quotidien réclamait d'autres ressources que l'espérance. Comment, dès lors, vouloir poursuivre un but que, prêt à toucher, l'on sentait s'éloigner toujours?...... Une détermination énergique s'imposait d'autant plus impérieuse qu'il était déjà bien tard pour la prendre.

Chaque fois que je me reporte à cet arrêt brutal de nos illusions, et que, les yeux fixés sur ce qu'il me reste de travaux de la Galvanatypie, j'en admire davantage la beauté, je ne puis me soustraire aux grondements d'une sourde colère en songeant à la foule d'ineptes qui jouissent tranquillement d'une position avantageuse, qu'ils ne doivent ni à leur mérite ni à leur vaillance, alors que mon fils, lui! doué d'une si belle intelligence, d'un courage si tenace s'est trouvé dans un abandon dont le malheureux a été la victime. Car ce fut un moment terrible celui qui le vit, pour la tranquillité des siens, fermer ses livres, rejeter ses outils et, les larmes aux yeux, la mort dans l'âme, redescendre le chemin qui le menait à la gloire. Mais il n'était plus possible de prolonger davantage les incertitudes du présent : sa femme et son enfant ne le laissaient pas libre de s'engager dans la misère.

C'est alors que, puisant dans son amour pour eux le courage du sacrifice, son parti pris, ses intentions arrêtées, il me fit connaitre ce qu'il avait résolu. — Voulant, si possible, mettre à profit quelque peu des connaissances qu'il avait acquises dans la science mécanique, c'est à une industrie s'y rattachant, *la mécanique de précision*, qu'il voulait aller demander la sécurité de sa famille.

Restait à mettre ce projet à exécution, chose assez difficile, en ce qui touchait la nécessité de l'apprentissage. Où trouver un patron prêt à ouvrir la porte de ses ateliers à un élève ayant passé la trentaine, ne pouvant, vu son âge, être assujetti aux servitudes d'un gamin, tout en se trouvant au milieu d'eux au même degré d'enseignement? Là fut le premier obstacle devant lequel vint échouer nombre de tentatives. Ce n'est qu'après avoir sollicité bien des maisons que mon fils finit par s'entendre avec un jeune homme, nouvellement établi, qui voulut bien lui donner place à l'un de ses étaux. Je vois encore le départ matinal de son premier jour d'esclavage, son adieu pour s'en aller loin de nous commencer son apprentissage et c'est le cœur serré, comme à ce moment où le souvenir m'en revient à la mémoire, que j'écrivis à sa sœur, résidant à Auxerre : « *Ah! ma chère fille!..... ma bien aimée fille!... que j'ai de chagrin!... mes regards en se portant sur le portrait de ta pauvre mère, lui demandent pardon de n'avoir pu, quoique je fasse, donner à notre Charles la position qu'elle espérait lui voir tenir un jour. — Hélas!... à quoi m'ont servi les précieuses connaissances que j'étais heureux de faire et d'entretenir? Artistes... Savants..., illustrations de toutes sortes, avec l'espoir de les utiliser plus tard au profit de notre Charles, lorsqu'il serait sorti des difficultés premières. — Que ne t'ai-je près de moi, ma fille chérie! pour épancher les tristesses de mon cœur dans ta si douce et si sincère affection. — Je suis obligé de cacher mes larmes, car il ne faut pas que je décourage mon fils, qui souffre déjà bien assez par lui-même. De même qu'il ne faut pas décourager sa charmante petite femme qui ne va plus avoir que quelques instants le soir, avec les dimanches, pour jouir de la présence de son cher mari* ».

Comme mon fils n'était étranger à aucun des

outils dont il prenait le maniement, puisqu'il avait, depuis longtemps, fabriqué par lui-même, avec beaucoup d'adresse, toutes les pièces d'un matériel nécessaire à ses travaux de *galvanatypie,* ses débuts furent heureux et ses progrès rapides, si bien que son patron, peu prodigue de compliments, ne put s'empêcher de lui en exprimer sa vive satisfaction et, réduisant dès le premier mois les redevances convenues, les supprimant tout-à-fait dès le second, il ne craignit point, après six mois de leurs rapports, de lui offrir, quand serait terminé son apprentissage, une situation dans sa maison à titre de contre-maître, avec intérêts dans ses bénéfices. — Proposition d'autant plus flatteuse pour l'élève, que le professeur, d'une habileté rare, se trouvait tout naturellement en droit d'exiger beaucoup de celui qu'il prendrait pour second. Si touché que fut mon fils, de cette confiance en son mérite, il crut devoir décliner pareil honneur, craignant d'aliéner son indépendance, attendu que son imagination inventive se sentait disposée à introduire trop de réformes dans les procédés de fabrication de

l'industrie dont il prenait connaissance. Ennemi
de la routine, déplorant des habitudes n'étant
plus en rapport avec les progrès constants de la
science, il rêvait la création d'un atelier monté
pas ses soins avec un outillage selon ses idées.
— Or, comme de telles réformes sont toujours
mal reçues de ceux qu'une éducation première a
rompus aux difficultés dont les novateurs veulent les affranchir, il n'y a chance d'amener à
bien de semblables révolutions qu'en formant
des mains nouvelles, étrangères à tout ce qui
touche, de loin ou de près, aux usages consa-
crés. — Puis c'était sa petite famile, dont il ne
voulait pas être séparé plus qu'il n'était
nécessaire pour terminer le temps de son
apprentissage. — Vivre comme il y était obligé
présentement, c'est-à-dire s'en aller de grand
matin pour ne rentrer que tard et ne plus voir
qu'un instant ceux que jusqu'à ce jour il n'avait
jamais quittés, eût été pour lui sacrifice trop
dur. — Si bien que les difficultés de se monter
une maison, de se faire une clientèle, de former des ouvriers à sa manière, d'avoir enfin,
avec les inquiétudes des commandes, des tour-

ments de la caisse, tout cela lui semblait encore
préférable à une association qui l'eut déba-
rassé de ces tracas au détriment de sa liberté.
Car, là-bas! — si loin de ce qu'il avait de plus
cher, que les heures lui semblaient longues et
qu'il lui fallait de bon courage, à de certains
moments, pour ne pas abandonner la rude
tâche qu'il s'était imposée. Que de fois,
comme si j'étais à ses côtés, ne m'a-t-il pas
semblé le voir, triste, le front penché sur son
étau, limant le cuivre ou l'acier, ces honnêtes
serviteurs de l'industrie qu'il préférait à l'or et
à l'argent, que les convoitises de l'humanité
ont fait la source de tant de drames passion-
nels et sanglants! Tandis que son attention
demeurait concentrée sur la pièce mécanique
prenant forme sous ses doigts, le sourire de
son heureuse enfance, l'image de tous ses
aimés disparus ou vivants venaient le caresser
de leur affectueuse présence et, maudissant
son esclavage, il ne rêvait qu'au retour défi-
nitif près des siens pour ne plus les quitter jamais.

Aussi, quand venait l'heure de la délivrance, heure toujours si lente à sonner, comme, avec les dernières vibrations de l'horloge, chantait en lui l'hallali de son ivresse. — Salut!... ô chère et douce liberté!... salut!... et déjà loin..., bien loin de l'atelier, aspirant le grand air, le pas léger et le cœur en fête il se voit se rapprochant de sa bien-aimée demeure. — Si le temps le permet, sa femme et son enfant viennent au-devant de lui. — Du plus loin qu'ils s'aperçoivent, le pas redouble... bientôt l'enfant quitte sa mère et, prenant sa course, va se précipiter dans les bras de celui qui s'est baissé pour répondre à ses bonnes caresses. Puis, comme l'enfant ne veut plus marcher, c'est tenant le précieux fardeau pressé contre sa poitrine, que malgré les fatigues du travail et de la marche, le pas alourdi par le poids qui l'essouffle, ce tendre père rentre rayonnant de joie dans sa maison qui semble comme toute ensoleillée de son heureux retour. Et moi, sur le pas de la porte, je gronde l'enfant de ses exigences, mon fils de ses faiblesses, en même temps qu'une larme, en mouillant ma paupière, m'apporte le souvenir d'une époque où tant de fois je me suis abandonné, de même, aux despotes câlineries de mes enfants chéris.

Et dire que quelques semaines au plus nous séparaient du moment, où, quatorze mois d'un travail acharné ayant suffisamment fait l'éducation de l'élève, mon fils allait pouvoir tenter l'essai de l'établissement organisé selon ses vues, quand la maladie, en s'abattant sur lui, est venue ravir à ceux pour lesquels il se sacrifiait, le fruit de sa persévérance. C'est au moment tant attendu de la fin de son apprentissage, alors qu'il tenait de son patron, dont il s'était gagné toute la sympathie, la promesse de continuels travaux, que, de plus, une maison de grande importance, lui garantissait une suite de fortes commandes ; c'est à ce moment, si plein des lumières de la rive, que la barque infortunée, conduite avec tant de courage, au milieu d'écueils de toutes sortes, se brise et sombre en engloutissant son pilote, avant d'arriver au port.

Depuis un certain temps, octobre touchant à sa fin, je constatais chez mon fils la venue d'une toux sèche et tenace se montrant rebelle aux traitements, mal suivis, il est vrai, auxquels nous voulions le soumettre. Pourquoi cette toux, la première fois que je l'entendis, me fit-elle une impression dans laquelle je ressentis vaguement comme de la terreur? Tant de fois, aux approches de l'hiver, les rhumes allaient se succédant chez lui, qu'il n'y avait pas lieu de se tourmenter sur ce côté si fragile de sa constitution. En temps ordinaires nous le grondions de ses imprudences, et le forçions à suivre, tant bien que mal, un traitement par les adoucissants, et les choses suivaient leur cours habituel. Mais cette fois, devant la persistance d'une toux me semblant différente des autres, je crus devoir écrire à son patron d'apprentissage pour le prier, sans parler de mon intervention, d'obtenir que mon fils restât à la maison pour y recevoir les soins nécessités par sa position. Était-il déjà trop tard?..... le germe de la maladie avait-il trop profondément descendu ses racines pour qu'il fut possible de les atteindre?... qui peut savoir?... hélas! le fait

brutal, qui demeure le désespoir de ma vie,
c'est qu'après quelques jours de tranquillité
près de nous, des crachements de sang subitement survenus nécessitèrent la venue d'un
médecin. Forcés de prendre le premier qui
nous fut recommandé, (le nôtre, quand nous
étions à Paris, ne pouvant d'une façon régu-
lière répondre à notre appel), ce docteur,
inconnu de nous, n'eut pas le don d'être sympathique au malade; si bien que, déjà très
impressionné par l'arrivée d'un nouveau visage, il fut à sa présence, pris soudain d'un
battement de cœur dans lequel la science de
l'auscultant crut découvrir les signes d'une
affection de cet organe : de là, nécessité pour
lui de traiter le cœur avant de s'occuper
d'autre chose. Ce docteur en me quittant m'af-
firma qu'il ne voyait rien de grave dans la
situation du malade; du repos et de bons
soins devaient le remettre bientôt sur pied.
Plus tranquille, j'aurais eu pleine confiance en
son dire, sans le retour persistant des crachements de sang. Par deux fois, à des distances
assez éloignées l'une de l'autre, cet accident

était venu mettre le trouble dans mon âme;
il est vrai que notre docteur de Paris, très au
courant de la constitution de mon fils, m'avait
chaque fois, après examen très sérieux, affirmé qu'il n'y avait rien qui fût de nature à
m'inquiéter; et comme ces accidents avaient
cédé très vite, par l'absorption de quelques
gouttes d'ergotine, mes craintes s'étaient assez
vite dissipées. Mais cette fois le remède
habituel n'arrêtait que provisoirement ces
épouvantables retours du sang dont la présence
était devenue pour le malade, comme pour
nous, une véritable source de terreur. Nos
pensées s'assombrissaient, de noirs pressenti-
ments portaient en eux les présages d'une
issue fatale, d'autant qu'un nouveau docteur,
succédant au premier, voyait de jour en jour
la position plus mauvaise et nous donnait de
moins en moins l'espoir d'une guérison. Et le
pauvre malade, réduit au repos le plus complet, assis de jour et de nuit, n'osant prendre
la position couchée de peur de provoquer
une crise, mangeant à peine, s'affaiblissait à
vue d'œil. En proie à des fièvres brûlantes,

accompagnées de transpirations abondantes, divaguant, poursuivi par des visions mêlées d'extases et de cauchemars, le malheureux ne sortait, hélas! de ces crises que pour garder dans son regard inquiet, malgré la force de nos sourires et la chaleur de nos caresses, l'infinie profondeur de ses sombres pensées. Aussi dans ce double état maladif de l'esprit et du corps le mal eut bientôt raison de cette constitution délicate, exempte, cependant, de tout virus engendré par les excès d'une jeunesse orageuse, celle de ce fils modèle ne s'étant pas déflorée au pernicieux contact des imprudents compagnons de son âge.

Je voudrais distraire de ma pensée ces heures étouffantes pendant lesquelles, deux mois durant, nous avons, sa femme et moi, vécu le supplice de nos inquiétudes; quoi que je fasse, j'y reviens sans cesse, comme si, par un miracle de ma volonté, je pouvais changer la fin de cet épouvantable drame et faire que ce qui *est* ne *soit pas*. — Si souvent, dans le passé, alors qu'une indisposition alanguissait ce cher enfant, mon sommeil, se ressentant des in-

quiétudes de mon cœur, m'avait trouvé poursuivi par des rêves, où je me voyais pleurant sa mort; et si souvent, sous le brusque
réveil de ces horribles visions, je me suis vu, à
genoux, jetant à Dieu le cri de ma reconnaissance en présence du pauvre petit emplissant
de son souffle aimé le calme de notre demeure,
que je me prends, oh! misère!... à vouloir,
aujourd'hui, changer les lois de la nature pour
obtenir dans les songes le démenti de mon
deuil. Car la nuit, maintenant, me le ramène
parfois, ce fils aimé; il est là! vivant!... bien
vivant!... je lui parle, il répond à mes caresses et alors je me demande d'où vient que j'ai
pu le pleurer, tant il se montre à mes yeux
sous les apparences de la réalité; tant je me
trouve convaincu que tout à l'heure c'était le
sommeil, et que présentement c'est la lumière, jusqu'au moment, chaque fois plus douloureux, où le véritable réveil m'apporte non
plus les clartés de ma joie mais les ténèbres
de mon deuil.

Cet enfant m'aimait trop! aussi bien pour lui
que pour moi. Sa personnalité s'était tellement

incarnée dans la mienne que je lui étais indispensable et que, moi-même, je le sentais le
complément nécessaire de mon individualité.

Un lien si serré nous unissait que je crois
impossible de trouver, entre père et fils, une
affection plus forte. Cet excès de sentiment
que les cœurs sensitifs poursuivent dans l'idéal
de leur amour n'est pas assez terre à terre, et
s'isole trop d'une société où nous demeurons
quelque peu solidaires de tous. Moi, partant,
que serait devenu ce fils? — Les exigences
brutales de la nécessité opèrent bien des transformations, je le sais, et cependant j'ai comme
la certitude que mon appui, sur lequel il s'était
toujours reposé, venant à disparaître, tout se serait comme écroulé devant lui, le laissant perdu
sur le chemin que nous avions si longtemps
parcouru côte à côte. Pour ce qui est de moi,
triste victime de notre séparation, mes forces, je le sens, malgré plus d'endurcissement
aux épreuves de la vie, n'ont plus le res-
sort que sa présence aimée me donnait, et ce
n'est qu'en me réfugiant dans les espérances
de ma croyance en Dieu que je retrouve en-

core un peu des restes de mon énergie première.

Que la vie est chose difficile pour celui qui
veut concilier ce qu'il croit être son devoir
avec les concessions que vous imposent les
impérieuses nécessités d'une situation à se
faire. Quand, animé de sentiments qui vous
semblent honnêtes, on cherche à se rapprocher
le plus possible d'un idéal dont il faut continuellement rabattre le vol ambitieux, que de
perplexités si l'on ne veut pas trop s'éloigner
d'un monde qui nous est nécessaire. La société,
faite d'éléments multiples, vous oblige à la
prendre telle qu'elle est, avec ses vices et
ses vertus : si bien que, sans se trouver dans
l'absolue nécessité de la suivre dans ce qu'elle
a de trop contraire à notre dignité, il n'en faut
pas moins, quand même, violenter à chaque
instant nombre de nos répugnances ; car si, ne
voulant rien céder de la rigidité de nos princi-

pes, nous nous refusons à tout compromis, c'est abandonné aux misères d'un véritable paria qu'il nous faudra, sans famille, sans amis, sans personne, aller mourir dans la solitude de notre insociabilité.

Cela étant, et le degré de concessions à faire devenu, pour nous, le sujet de graves inquiétudes, que deviennent-elles ces inquiétudes quand, ne décidant plus pour nous, c'est comme directeur de l'âme de nos enfants qu'il nous faut préparer leur éducation morale? Quel sera le programme des devoirs imposés à cette nouvelle génération, pour qu'elle soit à même de jouer le rôle de sa destinée, sans forfaire aux lois que notre conscience aura mis dans la leur? Entre naître sans s'occuper d'où l'on vient, vivre sans en chercher la raison, mourir sans se demander où l'on va, et s'abîmer à jamais dans les profondeurs d'angoissantes interrogations, n'y a-t-il pas, pour le Possible, une place moins éthérée comme aussi moins bestiale? Et si la moyenne, en toute chose, constitue la véritable sagesse, comment la fixer, cette moyenne, qui, subissant les effets de notre instabilité, élargit ou resserre sans cesse l'horizon de son inconstante étendue? Trouver entre nos aspirations vers le ciel et le terre à terre des besoins journaliers, de toute heure, la conduite à tenir ; savoir où doivent s'arrêter les tendances de nos rêves en faveur des licences consacrées, est un problème d'autant plus difficile à résoudre que le penseur y met plus de conscience. Toujours tourmenté, jamais satisfait, la crainte de l'erreur le poursuit de ses tenaillantes inquiétudes, alors que les parvenus de la fortune, sans souci d'autre mérite, marchent à ses côtés, glorieux et satisfaits daus l'endormi de leur parfaite indifférence. Certes, pour le moraliste convaincu, si cruel que soit le mépris dans lequel on tient ses croyances, la fièvre qui l'anime, l'espoir auquel sa ténacité le rattache, peuvent être des compensations d'un ordre supérieur, pour adoucir ses peines ; s'il ne lui est pas donné de faire le sauvetage de ceux qu'il regarde comme se perdant dans un oubli complet de la solidarité humaine, il ne s'en est pas moins jeté dans le gouffre, où il les voit se perdre, avec l'espoir de les ramener à la lumière ; et

5.

l'âpre jouissance du devoir accompli reste le consolateur de sa défaite. Mais si, pour soi, l'on préfère le sacrifice de son bien-être à celui de ses principes, autre chose, quand on est père, est de prétendre imposer à ses enfants les idées presque monacales dont on a cru devoir se faire le farouche serviteur.

Sans prétendre être de ceux dont l'âme élevée, unie à des aptitudes particulières, va poursuivant l'étude des réformes sociales, bien jeune, à peine sorti de l'adolescence, je me suis, d'instinct et de mon propre sentiment, pris de révolte pour ce qu'on est convenu d'appeler « des folies de jeunesse ». Ce n'est pas ici que je veux traiter, comme je me réserve de le faire, cette question si grave en conséquences de toutes sortes : je tiens seulement à dire que répugnant au spectacle de la débauche, trouvant méprisable l'opinion complaisante et malsaine du dicton « *Ne faut-il pas que jeunesse se passe* »? me sentant l'irréconciliable ennemi de tout ce qui déflore l'amour, mes actes, mes écrits, mes paroles, conséquences naturelles de ma ferme croyance, ont toujours laissé transpirer,

autour de moi, les sincères indignations de ma
pudeur. Or, mon fils devait-il, s'inspirant de
mon exemple, suivre en disciple fidèle la
parole du maître? me fallait-il le voir, sans
connaître autrement sa force et son endurance,
se livrer à des luttes où, jadis, mon courage
fut pris par des défaillances qui m'ont parfois
tenu à deux doigts de ma perte?... Que de difficultés à vaincre, de tentations à repousser, de
sarcasmes à subir! Niais ou fou, tel vous parais-
sez aux yeux de vos compagnons dont les lèvres
vont s'énivrant sous les baisers des vierges
folles. Niais!... de fuir par timidité ou manque
de tempérament les occasions multiples de se
faire des maîtresses. Fou! de s'imposer les
rigueurs d'un célibat virginal ne conduisant à
rien moins qu'à l'isolement complet. Que vou-
lez-vous que fasse, en effet, un apôtre de la
Chasteté dans le groupe des compagnons de
son âge? Continuellement en lutte avec eux,
répugnant à les entendre, objet de leur cons-
tantes risées, s'il ne porte pas en lui les forces
nécessaires pour résister au ridicule dont on le
couvre, il arrive, à défaut de sa chute à pren-

dre en dégoût l'humanité dont il ne voit plus, dès lors, que les vices et les faiblesses sans remarquer que lui, peut-être, par un autre côté, n'est pas plus méritant que ceux qu'il couvre de son mépris. Encore une fois je ne cherche pas à pousser plus loin, présentement, l'étude d'une question morale que je n'ai pu passer sous silence, à l'heure où je m'interroge encore sur les droits que j'avais de semer dans le cœur de mon fils des idées si contraires aux usages tolérés. Avais-je raison, en tenant sa pudeur en éveil, de l'arracher aux caresses de la courtisane? N'était-ce pas, d'autre part, l'isoler dans la foule, en faisant s'éloigner de lui, amis et connaissances; de lui, le fâcheux compagnon, l'austère moraliste, le censeur assommant qu'il fallait au plus vite envoyer dormir, loin de tous, sa niaise et virginale idylle! N'était-ce pas l'exposer à une chute d'autant plus terrible que la résistance en aurait retardé le moment?... Combattre, quand autour de soi des frères d'armes, ralliés sous le même drapeau, stimulent votre ardeur et vous soufflent les griseries de l'entraînement, n'est rien;

mais vouloir, seul, entreprendre une lutte de géant n'est-ce pas faire œuvre de démence? Je le comprenais trop bien pour me faire illusion sur les conséquences dangereuses qui menacent les abstinences de la chair, alors qu'elle souffre dans un milieu de lancinantes tentations; mais pouvais-je, d'autre part, ne rien dire à mon fils de mes idées sur le célibat, alors que les années s'écoulant me trouvaient toujours plus convaincu dans ma croyance qu'il ne peut y avoir en amour deux morales, par la seule raison qu'il y a deux sexes? Pouvais-je, alors que révolté de voir la jeunesse d'abord, l'homme ensuite, l'époux souvent, le vieillard même, raconter cyniquement, à qui veut les entendre le récit de leurs dégradantes fredaines; pouvais-je sans dire à mon fils, la gloire et la consolation de mes vieux jours, ce que je pensais de ces appels à la débauche? Pouvais-je, quand dès le printemps de ma vie, rêvant la famille, j'avais caressé l'espoir de prendre femme sans passer par la défloraison des amours de rencontre; quand, nourrissant l'ambition d'être père, je

consignais mes actes et mes pensées sous forme
de mémoires, correspondance, strophes poétiques, pouvais-je, dis-je, laisser mon fils dans
l'ignorance de mes sentiments sur une question morale devenue pour moi la continuelle
préoccupation de mes pensées? N'aurait-il pas
été en droit de blâmer mon silence à l'heure
où, comme héritier de tous mes écrits, il fût
descendu dans l'intime de mes confidences? —
Quoi! j'aurais gardé pour moi seul le principe
sur lequel reposait mon idéal, sans m'inquiéter
de savoir de quelle oreille il eut écouté ma
voix; de quel pas il eut suivi ma route? Je
crus donc ne pas devoir cacher à mon fils mon
opinion sur la manière dont se fait l'éducation
de la jeunesse, et lui dire comment je consi-
dérais les devoirs de l'homme vis-à-vis de la
femme appelée à devenir, un jour, la compagne
de sa vie et la mère de ses légitimes enfants; et,
sans lui imposer autrement ma règle de conduite, je restais, mon devoir accompli, demandant au ciel la faveur de féconder les principes
que j'avais d'une main paternelle semés dans
son âme virginale. Mon espoir ne fut pas déçu;

l'honnête nature de ce fils aimé était pétrie de sentiments trop semblables à ceux de ses parents pour ne pas se sentir emportée vers les mêmes aspirations; seulement la fibre sensitive qu'il tenait de sa mère, était trop impressionnable pour réduire à leur juste valeur les faits motivant les révoltes de son indignation. Fier de l'honorabilité des siens, nourri de leurs principes, décidé à ne se courber que devant le Juste, pénétré de cette croyance que le dévouement, la dignité, l'amour du beau, doivent nous conquérir toutes les sympathies, et qu'il suffit de rechercher le bien pour être aimé, il ne pouvait se faire au spectacle des réalités malsaines dont sa naïve éducation avait été préservée; de là des désillusions l'affectant beaucoup, et lui faisant voir la société déjà si pervertie d'une grande ville, plus misérable encore qu'elle ne l'est. Si bien que l'indulgence raisonnée qu'il nous faut, tout en méprisant le vice, accorder aux victimes de milieux mauvais où elles vivent, ne pouvait trouver place dans son cœur. Dès lors s'arrachant à ses douces croyances sur l'humanité, il n'eut plus qu'un rêve, s'éloigner de tout ce qui n'était pas les siens. Et quoiqu'il fût d'un accueil captivant comme d'un commerce plein de charme, il n'en demeura pas moins fuyant les compagnons de son âge, sachant bien qu'il ne pouvait prétendre à leur amitié s'il ne se livrait pas avec eux à l'impétueux courant de leurs folles aventures.

Et voilà pourquoi, pleurant la mémoire de ce fils bien aimé, je me demande ce qu'il serait devenu, si moins pénétré de la haute morale dont il avait été nourri, il se fût, comme les autres, en pleine fièvre de son printemps, jeté dans les hasards de l'écœurante orgie que le monde par avance couvre de son inépuisable indulgence. A supposer que cette voie lui eût facilité la place que son mérite réclamait, à supposer que, violentant le cri de mon indignation, je me fusse résigné à voir mon fils perdre le sentiment de sa dignité dans une conduite si contraire à mes convictions, aurais-je pu, sans éveiller en moi les troubles de ma conscience, accepter passivement cette révolution des lois de ma chaste morale? Oui! le problème de la vie n'est pas de ceux que l'on peut résoudre affirmativement, quel que soit l'amour qui vous pousse dans vos recherches sur les devoirs incombant à l'humanité. Prendre le monde comme il se trouve à l'heure de notre venue, sans se préoccuper de ce qui demeure contraire à notre manière de voir et de sentir, pour vivre indifférent à tout; ou bien, révolté des injustices et des misères dont on reste le témoin, mourir en plein isolement loin de ceux que l'on blâme; voilà les deux extrêmes présents à l'esprit du penseur qui va se perdant, plein d'inquiétude, sur l'antagonisme de leurs données. Le sage, comme je le disais plus haut, sans se tenir à l'arrière de la foule, comme sans se tenir à sa tête, doit se confondre dans les inaperçus, acceptant avec réserve, sans doute, mais acceptant la morale présente en s'arrangeant, dans un espèce de compromis, de manière à concilier la mode et sa conscience; mais à supposer que ce soit là la véritable sagesse, est-il donné à tous les tempéraments de se plier aux concessions reconnues nécessaires pour qui veut trouver sa place dans une société qui n'a que faire de vos révoltes?

Je ne regrette pas, loin de là, que mon fils, pénétré des mêmes idées que moi, se soit éloigné de ses camarades pour se renfermer dans une vie exempte de toutes les fredaines dont il avait les répugnances, mais je ne puis, malgré cette satisfaction, ne pas me sentir malheureux en songeant qu'il eût trouvé plus facilement les moyens d'arriver à la brillante position que lui méritait son intelligence, si tous deux moins rebelles aux concessions, nous avions accepté quelque peu d'une licence de mœurs qui de tout temps fut et sera plus ou moins même, pour ne finir probablement qu'a-vec le monde.

Tout bien porte son mal, comme tout mal porte également son bien. Si mon fils a souffert de voir à quel degré d'abaissement il lui fau-drait arriver, eu égard à ses principes, pour s'unir à ses compagnons de jeunesse; si, sauf un ami d'enfance qu'il aimait et dont la cor-diale étreinte éveillait en lui les plus doux souvenirs, il n'a pu se former des relations,

même de camaraderie ; il a trouvé dans la douce
affection de sa mère, de sa sœur, et de moi,
une source de satisfaction qui fut l'adoucis-
sement de ses peines ; aussi de quelle tendresse ne se sentait-il pas pénétré près des
siens, dans le calme de sa famille, où il venait retremper ses forces et son courage !
Ce fut, surtout, l'année qu'il lui fallut passer au régiment qui compte parmi les plus
douloureuses : cette vie de caserne, d'un matérialisme si grossier où chacun croit devoir
faire montre du langage le plus ordurier ;
ces rapports brutaux de la chambrée où tant
d'hommes se couchent avec l'ivresse et se réveillent avec la soif ; cette dépravation de sentiments ne conservant aucune pudeur, pour
faire du roi de la création une brute ne rêvant qu'à la joie de se livrer aux plus honteux plaisirs, comme aux plus répugnants
exès. Que tout cela était triste et découra-
geant, pour ce fils ne voyant la femme
que par sa mère et sa sœur, l'homme que
par son père, et comme il souffrait de ne
pouvoir cracher ses révoltes à la face de ceux

qui se vautraient à l'envi dans cette dépravation
des mœurs ! Grâce à son beau-frère, alors capitaine de gendarmerie dans la ville où il se
trouvait caserné, il put, dans cette maison hospitalière et amie, passer près de sa sœur les
quelques instants d'une liberté si tristement utilisée par ses camarades. Une petite chambre
mise à sa disposition, et transformée en laboratoire d'expérience, lui permit de poursuivre des
recherches se rattachant à sa métallisation des
plantes. Là, tout à sa chère science, oublieux
de l'heure qui dans un instant allait sonner le
retour à la caserne, il s'enfonçait dans l'infini de
ses problèmes, prenant des notes et se livrant à
des essais souvent infructueux mais toujours
instructifs. — Puis, c'étaient les permissions
du samedi que, grâce à son beau-frère, il lui fut
possible d'obtenir de ses chefs presque toutes
les semaines ; alors il accourait près de nous
pour réjouir notre cœur et retremper le sien à
cette bonne vie de famille qui lui faisait oublier
pour un jour ses chagrins de la semaine. —
Ici encore, pour un père jaloux du bonheur de
ses enfants, combien il est difficile de savoir de

quelle façon doit se traduire pour eux l'amour
que nous leur portons! Faut-il, par une tendresse sans bornes, cultiver au plus haut degré
la sensibilité de leur nature? ou bien devons-
nous, par une éducation plus positive, les rendre en quelque sorte indifférents aux froisse-
ments qu'ils auront à subir dans le commerce
des hommes?

En donnant, ma bien aimée campagne et
moi, le plus pur de nous-mêmes à nos enfants,
en les nourrissant d'une tendresse qui forme
les indissolubles liens de la famille, nous
avons suivi la douce pente de nos sentiments,
et quelque dure qu'ait été, pour nous, dans nos
rapports avec le monde, cette disposition de
notre nature à l'extrême sensibilité, nous n'a-
vons pu prendre sur nous d'en vouloir préserver nos enfants, en les enfermant dans une
sécheresse de cœur qui peut être le préservatif
de bien des souffrances, mais qui reste la mort
de toute pensée généreuse. Aimer, c'est s'ap-
prêter à souffrir; mais souffrir d'un mal qui
porte en lui-même, au plus profond de son
supplice, la jouissance du devoir accompli, car

la révolte ou la résignation de ceux qui souffrent par tendresse laissent toujours subsister
au fond de l'âme, si faible qu'en soit la lueur,
l'espoir d'un retour de l'humanité vers l'idéal
du fraternel amour.

Je sentais bien que les caresses dont ce fils
aimé fut l'objet devaient lui faire trouver douloureux le réveil qui l'attendait, au spectacle
d'une société si différente de ce que son éducation première lui avait appris ; mais je savais,
aussi, que nous gravions dans sa mémoire des
souvenirs dans lesquels iraient se retremper
ses forces aux heures de lassitude. D'autant
que si, tout autour de lui, dans son enfance, la
vie n'avait été qu'une source de tendresse, il
s'en faut de beaucoup que cette tendresse se soit
tournée en amollissement de sa personne. Toujours, avec l'horreur de l'égoïsme, nous imposi-
ons à nos enfants le respect du devoir et la nécessité de l'accomplir, ne nous faisant jamais
les esclaves d'une aveugle complaisance, pour
les caprices d'un âge qui s'abandonne, si facilement, à l'exigence de ses désirs. Entre aimer ses enfants comme nous les avons aimés

et ne voir que leur personne dans un oubli complet du reste de l'humanité, il y a tout ce qui sépare l'amour raisonné des sécheresses de l'égoïsme ; nous nous sentions, à l'égard de fautes commises par eux, disposés à beaucoup d'indulgence, à condition que le repentir fût dans le cœur du coupable ; mais entre le choix de rougir de leur conduite ou de pleurer leur mort, cette dernière extrémité nous eut semblé de beaucoup préférable. C'est ainsi que, le préparant à l'école du devoir, si pénible que fût pour nous le moment où, devenu majeur, notre fils, reconnu bon pour le service, alla se ranger sous les drapeaux, nous n'avons rien fait pour le soustraire à ses devoirs de citoyen, quoique il nous eût été bien facile, sa constitution délicate aidant, de le faire réformer. Mais selon nous, nul n'avait le droit, étant valide, de refuser à sa patrie sa personnalité, son obéissance, voire même son sang. — Et cependant rien n'était moins fait pour répugner aux goûts d'un enfant comme le nôtre, que la vie de caserne, comme rien n'était plus en désaccord avec nos sentiments sur la fraternité des peuples, que la guerre. — Mais nous estimions qu'à certain moment chacun se doit au salut de tous. Tant qu'il y aura des frontières, démarcations d'Etats différents, tant que la paix ne sera que l'idéal d'un beau rêve, le pays, berceau de notre famille, aura droit à l'amour de ceux que l'égoïsme n'a pas flétris de son souffle. Le temps passé sur le champ de manœuvre à faire son apprentissage de soldat, quelque abrutissant qu'il paraisse à ceux qu'une éducation savante et distinguée a préparés pour des carrières plus en rapport avec leurs mérites que l'exercice du fusil, ce temps ne demeure pas moins un titre de gloire pour celui qui se courbe docilement sous le joug de la discipline, cette force des nations.

Que j'aime, pénétré des souvenirs qui me ramènent à cette époque du volontariat de mon fils, à relire les lettres que je lui écrivais et dans lesquelles je retrouve la confirmation de mon dire, au sujet de l'éducation toute de sacrifice au devoir dont notre amour sut le nourrir !

Voici quelques passages de cette correspondance.

11 novembre 1880. « *Ta si sensible mère se fait difficilement à ton départ, mon enfant!... Aussi est-ce de toi que j'attends le calme dont nous avons besoin pour supporter courageusement ton absence. — Tu es parti de la bonne façon, ému mais ferme, et je te sais gré d'avoir accepté sans faiblesse l'épreuve réservée à tous ceux de ton âge. C'est bien! et je te remercie de la satisfaction que tu me donnes de pouvoir te féliciter comme tu le mérites; j'ai fait, de mon côté, le possible pour adoucir ce passage de ta vie. — A toi, mon enfant, de faire le reste, car tu es d'autant plus tenu de nous apporter la satisfaction de ta conduite que nous avons plus fait pour te guider dans ce que nous regardons comme étant le devoir.*

Voici la seconde fois qu'un trouble plein d'inconnu vient détruire le calme de notre intérieur. — Quand, tout enfant encore, il nous a fallu te laisser une partie du jour, toi l'enfant délicat et choyé, te confondre dans le milieu gouailleur, batailleur et taquin de tes petits camarades de classe, ce fut déjà pour nous un sujet d'inquiétude. Mais aujourd'hui combien la séparation

est autrement pénible et les conséquences graves. — Toi, le jeune homme aux sentiments honnêtes, au cœur tendre, à la chaste pensée, je te vois livré au spectacle malsain des mœurs grossières et du langage ordurier des casernes; aux boutades des caporaux et sous-officiers qui vous humilient souvent pour le seul plaisir de faire de l'autorité. — Accepte patiemment tout, — même l'injustice tant qu'elle ne touche pas à ton honorabilité. — En ce moment tu n'es pas plus à nous qu'à toi, tu appartiens tout entier à ton pays : te soumettre à la volonté de tes chefs, te courber sous leurs commandements, ce n'est pas t'humilier devant des hommes, c'est honorer le grade dont ils sont revêtus; c'est, fidèle serviteur du drapeau, emblème de la Patrie, défendre les lois qui nous régissent, et remplir simplement, avec dignité, ton devoir d'honnête citoyen. — Vois les choses à ce point de vue, et tu sentiras, sous l'humilité de ton uniforme, une certaine fierté à te prendre pour quelque chose de plus qu'une simple machine. — C'est ainsi qu'aux rudes épreuves de l'année terrible, j'ai fait abstraction de ma personne, et sans me préoccuper comme garde national, de savoir si mon capitaine était le cordonnier du coin ou l'épicier d'en face; sans me demander s'il m'était inférieur, en situation comme en morale, mon sentiment étant que sous les armes je n'avais qu'un devoir: la consigne, j'ai fait sans murmurer mon service de chaque heure; ne devais-je pas, pensant à notre chère France envahie, à demi perdue, offrir, dans leurs faibles unités, ma résignation, mon vouloir et mon sang? »

Ma brave et digne compagne, elle aussi de son côté disait :

« *Inutile de te dire ce que mon cœur souffre de te savoir loin de nous..., au milieu d'indifférents : mais, mon cher enfant! je connais tes beaux sentiments, ta force de volonté, et, j'en suis convaincue, tu supporteras avec courage l'épreuve qui s'impose à ton titre d'homme. Tu seras à la caserne, comme sous les armes, l'enfant fidèle à son devoir, aussi suis-je tranquille de ce côté; mais que tu vas souffrir de cette nouvelle vie, si différente de celle que tu goûtais auprès de nous! — Ma pensée ne te quitte pas; de ton côté, j'en suis certaine, il en est de*

*même..... O mon enfant chéri!... les exercices,
la fatigue des manœuvres, les couchers sans le
baiser de tes parents, que tout cela va te sembler
dur!... Écris nous souvent;... une lettre c'est
quelque chose de toi :... en la lisant il nous semble, pour un moment, que nous sommes encore
réunis en famille* ».

Et trois ans plus tard, sur ce qu'il nous écrivait des rigueurs de la saison et du froid du
fusil, je lui répondais, cachant mes inquiétudes.

« *Cher enfant, que la délicatesse du premier
âge nous avait fait entourer de tant de soins et
que, soudain, nous voyons livré à toutes les rigueurs de la saison comme aux insouciances des
étrangers, que nos cœurs souffrent en pensant
à ce que tu dois souffrir de ce changement;... et
cependant la raison me dit que l'homme a besoin,
pour s'endurcir, de passer quelque peu par la
douloureuse épreuve de l'abandon. — Une nature trempée dans l'honnête, comme la tienne, ne
doit pas se laisser abattre quand vient le moment
de la lutte, mais prendre au contraire le devoir,
comme il doit être pris, sans hésitation ni mol-
lesse. — Élevé comme tu le fus dans le berceau*

*ouaté de nos caresses, il est rude de te sentir
subitement passer des douceurs de la famille à la
grossière brutalité des indifférents; mais si tu
sais, comme nous en sommes convaincus, t'élever
à la hauteur du sacrifice à faire, tu sortiras de
cette année d'épreuve, rompu au maniement
des armes en plein air, avec une constitution
plus forte et une âme plus virile, te récompen-
sant des fatigues qu'il faut endurer. »*

« Bienheureux ceux qui pleurent, car ils seront consolés. »

Que cette parole de l'Évangile est douce à
ceux qui souffrent et qui se tiennent courbés
sous des épreuves dont le poids semble dépas-
ser la mesure de leurs forces! — Comment le
Doute peut-il prendre place dans nos deuils
pour ne laisser, à la douleur dont ils nous
accablent, que la désespérante pensée d'une
séparation sans retour possible? — Quoi!...
l'amour!... l'amour qui ne rêve qu'à s'incarner
dans un autre lui-même; l'amour dont le lan-

gage demeure un hymne sans fin de serments éternels ; l'amour serait la négation de ce qui le fait vivre, pour n'être plus que le pire de nos maux ? — Seul ! s'enlizant dans les ténèbres de sa boue, le matérialisme de l'athée tiendrait la raison de notre être, et connaîtrait les véritables conclusions de notre fin ? — Dans ce gouffre de misère qu'on appelle la vie, quand, hélas! la floraison de notre courte jeunesse va se fanant devant l'âge, c'est l'âme angoissée, le cœur plein d'amertune, qu'il nous faudrait, sans lever vers le ciel un regard suppliant, traîner sur terre l'épouvante de notre complet abandon? — Comment ne pas comprendre, à voir la sérénité du croyant dont la face est d'autant plus rayonnante que plus forte est sa foi, que celui-là marche dans le chemin de la Vérité, puisque le souffle qui le guide, et dont il sent la caresse, lui donne l'espérance de retrouver, dans un rêve sans limites, quelque peu de la présence de ceux dont il a pleuré le départ? que celui-là, en se nourrissant de l'élément divin qui fait sa force, peut, sans défaillance, affronter la douleur!

Vouloir réduire à de simples attractions magnétiques notre personnalité ; prétendre faire de nous le résultat des rencontres fortuites d'atomes se combinant dans le laboratoire de l'inconnu ; nous regarder comme un des phénomènes de la nature dans les incessantes transformations de son activité, c'est détruire la conscience de nos actions et faire de *l'impossible* un créateur de notre vouloir.

Car si notre « *Moi* » n'était qu'un composé d'éléments aveugles se dissolvant devant la mort, pour rentrer dans les nouvelles combinaisons de continuelles métamorphoses, que serait la pensée qui, n'ayant rien du matérialisme de nos organes, va s'élevant sans cesse dans la lumière d'un idéal, dont nul de nos sens ne peut nous apporter la sensation ?

A supposer, par impossible, que sa destinée soit également la décomposition d'un fluide dont aucune science, encore, n'a pu faire l'analyse, par quel miracle, si contraire au positivisme des incrédules, ce qui est limité peut-il avoir la perception de l'infini dans l'immensité, comment ce qui n'a qu'un jour peut-il avoir la perception de l'Eternité?

Il faut tenir par d'insaisissables attaches à ces terrifiants inconnus, qui nous emportent dans les vertigineuses envolées de leur insondable profondeur, pour en avoir en soi la divine intuition. L'aveugle ne saurait, dans les ténèbres qui l'isolent du jeu de la lumière, se faire une idée de ce qu'elle est : de même, nous, dont les yeux se réjouissent de ses bienfaits, nous ne pouvons avoir l'idée de couleurs autres que celles données par la décomposition du prisme.

L'esprit, quoi qu'il fasse, ne peut sortir de son ignorance sans le secours d'un appel à nos facultés. Nous sommes des instruments plus ou moins parfaits, mais le plus riche comme le mieux accordé reste sous le voile de son inertie dans le silence le plus complet, tant que les doigts du virtuose attendu ne sont pas venus toucher les cordes de sa table d'harmonie. C'est pourquoi : forces, équilibres, attractions, répulsions, lignes, reliefs, couleurs, tout ce qui concourt aux résultats de notre logique, ne peut venir à nous que touché par une puissance initiale et génératrice qui nous en révèle le sentiment.

Un prisonnier tenu, dès sa naissance, dans la nuit d'un isolement complet, étranger à toute communication venant du dehors, pourrait-il deviner que derrière les murs qui limitent sa liberté d'action, l'étendue, le ciel, la verdure, toutes les magnificences qui réjouissent le regard, charment l'oreille, sollicitent le cœur, sont là! n'attendant que sa délivrance pour l'instruire de ce que ses sens endormis ne sauraient supposer?

L'homme ne crée rien, proprement dit, c'est du résultat de son éducation jointe à son plus ou moins d'intelligence que lui vient le désir de connaître; c'est par la sagacité qu'il met dans ses recherches à poursuivre le filon du trésor qui s'offre à sa vue, qu'il agrandit le cercle de ses découvertes, et qu'il apporte à la seience quelques-unes des vérités que la présence des faits enregistre comme axiome.

Mais l'Infini!... l'Immortalité! ces deux termes d'un même problème que l'intarissable puissance des chiffres démontre sans résoudre.

« *Démontre* » en apportant la preuve qu'il n'est valeur ni quantité dont la progression ne soit pas toujours attendant de nouvelles progressions. — Conséquence : l'Infini !

« *Sans résoudre* » ! parce que l'Infini résolu ne serait plus l'Infini.

C'est ainsi que l'écureuil, s'affolant dans la roue qui le retient prisonnier, la tourmente de sa course incessante et croit, échappant à son esclavage, dévorer les distances, alors que les heures, les jours, les mois, les années passent sans qu'il ait plus changé de place que si, s'étant endormi dans sa cage, il eût rêvé les horizons qu'il n'atteindra jamais !

Si tout en nous n'était que matière; si le mouvement qui nous est propre et que nous appelons « la Vie » n'était qu'un accident sans valeur dans les évolutions d'une nature livrée à tous les hasards de son inconscience, l'homme ne serait pas plus tourmenté d'une immortalité dont n'aurait que faire sa destinée que l'idiot ne l'est du sommeil de son intelligence. Et d'ailleurs, sans poursuivre davantage l'étude de raisonnements qui ont été, sont et resteront l'éternelle source de discussions sans fin, que sert de vouloir détruire le seul espoir pouvant devenir le consolateur de nos misères? Quel soulagement l'athéisme peut-il apporter à nos douleurs? Et quelle société pourrait-on former, même à l'état sauvage, si le drame, parfois si tragique, dans lequel se joue notre destinée devait se finir ici-bas? Si le criminel, assez habile pour échapper à toute justice, pouvait jouir impunément du fruit de ses forfaits, alors que ses innocentes victimes pourriraient oubliées dans le froid silence de la tombe?... Quoi! lorsque notre conscience se révolte en face de l'impunité ; quand la soif du seul Vrai nous dévore ; quand notre cœur, dès qu'il s'élève dans les sphères de l'Idéal, prêt à tous les sacrifices, ne brûle que de la fièvre du dévouement, il nous faudrait qualifier de niaiseries aussi bien les plus hauts faits de l'héroïsme que les moindres délicatesses du sentiment ! Rien que le culte du monstrueux « *Moi!* » conséquence de qui n'a que l'heure présente, serait la logique d'êtres se mouvant dans un milieu où chacun, affranchi de toute solidarité morale, n'aurait plus rien à dire au forçat de sa chaîne que : *Garde-toi, je me garde !*

Aussi comme la répugnante école du matérialisme a bientôt fait de détruire ce qu'il y a encore d'honnête chez les malheureux qui, par faux raisonnement, faiblesse de caractère, forfanterie de poseur, se laissent emporter dans la tourmente révolutionnaire d'un cyclone que nulle considération n'arrête et dont le souffle de haine allume, autour de lui, le meurtre et l'incendie ! — Aveugle, bien aveugle, qui ne voit pas les incessants ravages de ce cataclysme social ! aveugle qui ne voit pas cette meute de fauves affamés qui n'attend que l'effondrement des assises sur lesquelles repose un Dieu d'impeccable justice pour se ruer, sans soucis d'autre sorte, tous moyens étant bons, dans l'arène sanglante et satisfaire, au mieux de ses convoitises, les féroces appétits de sa bestiale nature : tandis que le croyant, plein de confiance dans *l'au-delà* de ses rêves, s'impose les obligations du Devoir dans ce qu'il a de plus rigoureux, et, sans s'inquiéter des honneurs usurpés, comme des richesses mal acquises, se laisse descendre dans la tombe avec le calme de l'enfant qui s'endort sous le toit paternel, confiant en l'amour de ceux qui veillent sur son berceau.

O douce et sainte croyance! suprême consolatrice de nos douleurs, c'est par toi seule que la vie est possible et que, malgré les déchirements de la route, nous pouvons, nous abîmant en ta lumière, sentir notre cœur battre encore!

Aimer, dès lors n'est plus, quand vient l'heure des séparations, le deuil dans l'épouvante d'une nuit éternelle : au loin, perçant l'obscurité des ténèbres, une douce lumière guide notre espérance ; quelque chose, près de nous, reste pour animer les débris de notre bonheur passé : cheveux, lettres, portraits, souvenirs de toutes sortes, venant des êtres que l'on pleure, semblent revivre sous nos lèvres ; il y a tout autour de ces reliques, religieusement conservées, comme les invisibles palpitations de caressantes ailes qui vous emportent dans les profondeurs de l'inconnu, pendant que la prière, en montant vers le ciel, nous ouvre les éblouissantes lumières de la vision.

Ces résultats de la croyance ne sont-ils pas autrement captivants que ceux que donne l'athéisme, ne nous offrant rien autre que les inégales répartitions d'une aveugle fatalité, sans avoir, pour justifier les raisons de son doute, les preuves de ce qu'il avance ?

Mais je n'ai nulle crainte, et je puis, sans avoir recours aux mensongères caresses d'une douce rêverie, m'endormir dans le tranquille sommeil de ma confiance. Les voix intérieures qui me parlent d'une résurrection, les clartés intimes qui dessinent dans la fraîcheur de leur aurore les célestes horizons de ma croyance, ont une autorité d'une valeur autrement puissante que les voix de ceux qui, perdus dans le désert de leur froide doctrine, ne peuvent trouver pour oasis que le néant ! Non ! la foi dans un Créateur pour lequel rien ne passe inaperçu, qui tient l'équilibre des mondes et demeure notre Père et notre Juge, ne m'a jamais fait défaut : et courbé sous la douleur, j'ai pu, sous mes plaies saignantes, conserver toujours la même soumission, le même espoir, le même amour! — Ma croyance est de celles que rien n'abat : car plus les épreuves sont terribles, les deuils cruels, les malheurs immérités, et plus je puise, dans le douloureux spectacle de ces misères, de confiance en la justice de Celui qui règle toute chose et qui ne peut nous livrer aux tortures de si cruelles épreuves que parce que sa volonté suprême, en nous les imposant, nous garde une réparation qui dépassera toutes nos espérances.

Il ne nous est pas donné de pouvoir éclaircir, dans la faiblesse de nos raisonnements, les mystères d'une puissance aussi prodigieusement éloignée de nous que le chiffre, quel qu'il soit, se trouve l'être devant l'infini ; mais je ne puis m'empêcher de nous voir, en face de ce Père de tous les pères, un peu ce que nous étions en face du nôtre, alors que tout enfant se faisaient, sous sa surveillance, nos premiers pas dans la vie.

Combien de fois, emportés par l'impulsion de notre nature, comme par la légèreté de nos caprices, n'avons-nous pas souffert des reproches et

des punitions qui nous étaient infligés, reproches et punitions dont beaucoup, faute d'en
comprendre la porté, nous paraissaient de réel-
les injustices! combien de fois, caressant du
regard le jardin plein de verdure et de soleil,
n'avons-nous pas versé de larmes, alors que
tenus courbés sur notre premier alphabet il
nous fallait forcer notre attention pour graver
dans notre mémoire ces signes dépourvus de
tout attrait, source de tant d'ennuis. Et plus
tard quand, jeune homme, nous nous sommes vus entravés dans nos désirs par ceux
dont la raison nous a, malgré nos révoltes,
sauvés bien souvent de l'abîmé où notre aveuglement allait se perdre, que de fureurs pour
briser les obstacles que l'on opposait à nos
passions, convaincus que sous le masque de
la tendresse on ne rêvait rien moins que notre
malheur!... Et cependant, plus tard, — quel
est celui de nous qui ne s'est pas écrié plein
de reconnaissance, au souvenir d'une éducation
d'apparence sévère mais pleine de sollitude
et de justice : Père! Père! Merci à toi! qui
m'as fait trouver, dans l'étude et le devoir,

la satisfaction d'être un honnête homme; à toi! qui m'as mis à même de tenir dans la société la position brillante ou modeste que j'occupe, si bien que, rêvant les douceurs de la famille, me voilà prêt à prendre femme et à devenir, à mon tour, le sage gouverneur de mes enfants. C'est aujourd'hui que je comprends tout ce qu'il y avait de haute prévoyance dans la fermeté de ton vouloir, source, pour moi, de tant de ré-voltes et de larmes; c'est aujourd'hui que je comprends, moi qui t'accusais, jadis, que tu ne m'aimais peut-être jamais plus qu'à ces heures qui me semblaient, dans mon ignorance des choses, si pleines d'injustice et de cruauté.

Eh bien! ne sommes-nous pas devant Dieu, nous, les hommes, quelle que soit notre supé-riorité sur l'enfant, dans une situation sem-blable, alors que les souffrances, dont nous sommes les victimes, ne nous paraissent jus-tifiées par rien de notre conduite, puisque, même, ce sont parfois les plus méritants qui sont les plus éprouvés? — Pourquoi ce Dieu que nous implorons semble-t-il sourd à nos prières, alors que notre âme élève, vers lui, l'appel désespéré de notre abandon?... *Sachons attendre!* — La mort qui ne détruit que le côté charnel de notre être, en libérant notre âme de ses attaches terrestres, laissera cette dernière, la Grâce l'ayant touchée, se perdre dans l'infini de sa reconnaissance.

Faut-il que ceux qui s'ingénient à vouloir tout ramener aux simples perceptions de nos sens aient l'aveuglement de la nuit dans laquelle ils s'enferment, pour ne voir dans tout ce qui échappe aux analyses de la science, que des phénomènes encore incompris, mais dont la cause, pour eux, demeure étrangère à toute intervention surnaturelle! Pauvres soi-disant forts qui se veulent indépendants, et se révoltent à la pensée de soumettre les enfantines conceptions de leur orgueil aux voix de la prière! pauvres soi-disant forts qui se privent du seul bien qui console les affligés, et raffermit l'espoir de ceux qui, chancelants, cherchent l'appui si nécessaire à l'inconnu du lendemain!

O mon fils bien aimé! que j'appelle et pleure dans mon double deuil d'époux et de père, quel ne serait pas le désespoir de ma vieillesse si,

m'agenouillant sur la tombe où tu reposes
auprès de ta tendre mère, il me fallait penser
que plus rien des liens qui nous unissaient ne
se renouera dans une résurrection qui fait la
force de mon attente !

Que de tableaux douloureux, que de souvenirs pénibles se présentent à moi quand je jette
un regard sur les deux mois qui ont précédé
la mort de mon pauvre fils ! Et dans le retour
continuel de ma pensée vers cette funèbre époque, que d'heures m'apportant le déchirant
spectacle d'un être qui se sent mourir ! Certes,
pour lui, comme pour nous, les noirs pressen-
timents d'une fin certaine ne nous tenaient pas
toujours sous le poids de leurs désespérantes
menaces ; la jeunesse a tant de raisons de vivre !
ceux qui aiment ont tant besoin de croire au
salut de leurs affections, que le plus léger mieux
était aussitôt accueilli comme le signe presque
certain d'un retour à la santé. — Mais quand
bientôt revenait la fièvre, l'abattement ou le

délire, oh! alors, que de tristesse, surtout quand d'une voix pleine de larmes je l'entendais me dire, l'esprit tout à sa chère petite Valentine : « Que va-t-elle devenir?... n'ayant plus que sa mère pour veiller sur son enfance? et, plus tard, devenue jeune fille et d'âge à se marier, quel sera l'époux de son choix?... cela est si grave le mariage pour la femme et surtout de nos jours, où l'argent semble être devenu le mobile de toutes les actions! Tu vois, père! combien j'avais raison de donner une si grande part de ma vie à cette chère enfant; combien j'avais raison de la vouloir tenir si souvent dans mes bras, de toujours la porter au retour de nos promenades, malgré tes reproches et la distance à parcourir, pour ne penser qu'au bonheur de l'avoir plus près de moi... N'avais-je pas, alors, comme un pressentiment du peu de temps qui me restait à lui prodiguer mes caresses paternelles? Une attraction, toujours plus vive, me poussait à lui multiplier mes soins ; et, dans l'oubli des incertitudes de ma position, à côté de ma chère femme et de toi, mon bon père ! je me sentais heureux de m'abandonner sans réserve aux élans de mon cœur. » Hélas! comme devant ces tristesses d'une âme se voyant prête à nous quitter, je sentais le froid de la mort se glisser des lèvres de mon fils dans le sang de mes veines. Étouffant mes larmes, composant mon visage, j'essayais de chasser loin de lui ces tourmentantes pensées, et peut-être qu'à de certains moments il arrivait à me croire?... Sa confiance en moi était si grande qu'il me semblait saisir comme un rayon d'espoir venant éclairer la flamme mourante de ses yeux, de ses yeux qui se fixaient sur moi avec un sourire si triste et si doux. Puis, quand la faiblesse augmentait, et qu'il sentait ses forces s'en aller de plus en plus, je le voyais retomber avec découragement dans la nuit de ses silencieuses méditations... Oh! que de funèbres visions ont dû le poursuivre de leur lancinant aiguillon, alors que, pour ne pas augmenter la somme de mes tourments, il s'efforçait de me cacher les craintes dont il se sentait poursuivi ; sa nature aimante et dévouée, ne se démentant jamais, n'avait sur les lèvres que des paroles affectueuses pour ne laisser à nous, sa chère famille, comme à tous ceux qui l'approchaient, que le souvenir d'une inaltérable douceur.

Comme il nous aimait!... ce n'est ni sa jeunesse, ni ses rêves évanouis qu'il regrettait le plus d'avoir à quitter... Non! mais la vie auprès de nous, notre affection, et principalement sa fille!... sa fille!... cette vivante partie de lui-même, son bien véritable.

La position qu'il n'avait pu se faire, avec sa belle découverte de la *galvanatypie*, le laissait n'ayant plus foi dans un avenir de gloire et de fortune qu'il eût été si heureux de mettre aux pieds de douce sa compagne ; le peu d'argent qui lui venait de sa mère, ressource insuffisante, dont une grande partie avait passé dans des expériences de laboratoire, ce n'était pas le fruit de son travail, et, pour une âme délicate comme la sienne, il y avait là quelque chose qui froissait sa dignité, tandis que son enfant, cet être issu de son mariage, portant de lui, dans les traits, les jeux de physionomie, les fantaisies de langage, comme un calque de sa personne, c'était réellement son bien, une partie de sa chair et de son sang, une créature lui devant respect, obéissance, amour; sur laquelle son autorité de père, exerçant son pouvoir, lui donnait des droits indiscutables, en même temps qu'il avait, devant Dieu, reçu charge d'âme, et que selon l'éducation qu'il donnerait à son enfant, il demeurait responsable de ce que ses conseils et son exemple en auraient fait. — Aussi de quelle tendresse et de quels soins il entourait sa Valentine! — Au moindre cri, à la plus légère indisposition, vite debout, si c'était la nuit, quel que fût son besoin de repos, berçant la chère petite sur sa poitrine, la promenant avec de douces paroles, des chansons, et des baisers, il arrivait, à force d'amour et de patience, à faire tomber peu à peu l'explosion de certaines crises venues tout-à-coup, avec des cris et des larmes, sans qu'il fût possible, malgré caresses et prières, d'obtenir la raison de ces incompréhensibles désespoirs.

Ces crises nerveuses, qui venaient principalement pendant le sommeil, et que l'on craignait toujours de voir dégénérer en convul-

sions, nous jetaient dans d'affreuses inquiétudes.

Au souvenir de ces crises, assez fréquentes,
dont heureusement, avec l'âge, le retour se dis-
tançait sensiblement, je revois les malheureux
parents affolés. ne sachant que faire pour avoir
raison de ces grands désespoirs qu'à de certains
moments rien ne semblait pouvoir apaiser ; je
revois mon pauvre fils, prodiguant à sa fille les
soins que sa tendresse lui pouvait inspirer et
ne retrouvant le calme que lorsque, à bout de
sanglots, l'enfant dans les dernières agitations
de ces orages se rendormait pour se réveiller
le lendemain, joyeuse comme d'habitude, et
n'ayant conservé nul souvenir de ce qui s'était
passé. — Au moment où j'écris ces lignes, en-
foncé que je suis dans ce qui me ramène à l'affection de ces deux êtres, un tableau qui restera
éternellement gravé dans ma mémoire me tient
sous le trouble de son apparition.

Dans les derniers temps de la maladie de
mon fils, par mesure de prudence, on ne laissait plus sa fille s'approcher de son lit, encore
moins l'embrasser. On évitait même de la tenir

longtemps dans la maison, sa grand'mère l'emmenait coucher à Argenteuil, et les visites sous le toit paternel étaient de courte durée. Sans en parler au malade, sans que le malade en soufflât mot, de part et d'autre une entente tacite s'était faite, comprenant qu'il eût été dangereux pour l'enfant de respirer un air imprégné de l'haleine fiévreuse du malade. Il était donc de toute nécessité de ne plus donner à mon malheureux fils la consolation de voir sa chère mignonne qu'il entendait, inconsciente des choses, s'agiter, parler et rire à quelques pas de lui, dans la chambre voisine. Mais trois jours avant la date funèbre du 25 mai, (était-ce l'attraction mystérieuse des âmes qui pressentent le malheur qui doit les accabler?) l'enfant que ramenait sa grand'mère aperçoit, en passant, devant une porte laissée ouverte par oubli, son père, assis sur son lit, le regard allumé du feu sombre de la fièvre; à cette vue, qui la trouble et la retient dans son élan de courir à lui, sa main se porte à ses lèvres et jette à ce père adoré, qui lui répond de même, l'adieu d'une tendresse que plus jamais ces deux êtres aimants ne pourront échanger.

A la vue de ce spectacle, j'ai senti comme le frôlement des ailes de la mort s'agiter dans le lugubre silence d'une scène où s'éteignait la muette expansion de deux âmes. N'était-ce pas quelque chose d'affreux que la douleur de ce père n'osant appeler à lui sa fille qu'il dévore des yeux, tandis qu'à quelques pas plus loin, elle, tout apeurée du mystère dont elle se sent enveloppée, le regard inquiet, la bouche ébauchant un sourire qui reste se glacer dans le vague du trouble dont elle est envahie, envoie sa caresse enfantine à ce père dont la présence la laisse partagée entre l'amour et l'effroi ?

Quand, si souvent, je fais revivre, jour par jour, heure par heure, les deux longs mois qui ont précédé la mort de mon fils, et que je vois se refaire le tableau de cette scène des adieux, je ne trouve rien pour en adoucir l'horrible souvenance. Les appels mêlés de cris et de sanglots aux heures des séparations ; l'affollement des esprits de ceux qui reçoivent le dernier souffle de leurs aimés, si douloureux qu'en

soit le spectacle, me semblent moins pénibles
que le froid d'un silence dans lequel on sent
que se déroule un drame de famille. Et puis
tout ce qui touche à l'enfance est si bien fait
pour avoir raison de notre sensibilité ! Plus ces
chers innocents se présentent à nous délicats
et réclamant notre protection, plus intense se
développe en nous notre tendresse pour eux.
Est-il rien de plus poétique que cette fraîcheur,
cette grâce, cette délicatesse de l'enfance, dont
le moindre sourire fait notre joie? Leurs gros
chagrins, leurs larmes faciles si vite venues, si
vite oubliées, nous vont au cœur plus tenaillantes que le spectacle de misères bien autrement
sérieuses que celles dont nous les voyons souffrir. Pourquoi? c'est que plus faible est le martyr, et plus grande est notre pitié. L'homme
quand la maladie le tient sans force, gémissant
sur son lit de douleur, gagne toutes nos sympathies et nous voit prêt à tous les dévouements; mais le mal dont il souffre doit trouver
en lui un peu de courage pour nous faciliter les
soins que nous lui prodiguons: tandis que l'enfant, lui, avec ses yeux abbatus, son sourire

éteint, ses petits membres amaigris, sa faible voix ne poussant que des notes plaintives, ce n'est plus que le souffle d'un oiseau ; à peine si l'on ose toucher à ce presque rien, tant il vous semble que la moindre secousse en doit éteindre la vacillante flamme. Oh ! tortures des parents agenouillés près d'un berceau, pour demander à Dieu la guérison de leur enfant, quel supplice que ces veillées près de ces petits êtres qui nous tiennent au cœur par tout ce qu'il y a de plus intime ! Vous ne saurez jamais, garçons et filles, dont un gai printemps ensoleille les jours ; vous ne saurez jamais, aimables fiancés, jeunes époux unissant aux pieds des autels votre commune destinée ; vous ne saurez jamais, avant l'heure de la paternité, ce qu'ont coûté de soins, d'inquiétudes, de larmes, de sacrifices votre venue en ce monde..... non ! vous ne le saurez jamais avant votre tour venu. C'est la loi de famille qui veut, pour le salut de l'humanité, que la dette contractée envers nos parents soit payée par nous à nos enfants, qui la paieront de même à leur tour, pour que l'héritage sacré, en passant, de la sorte, de génération en génération, reste le lien de solidarité qui nous rattache à nos ancêtres.

Que je l'aime ma Valentine, cette enfant de mon regretté fils! que j'aime sa nature affectueuse, sa douce physionomie, son regard si souvent rêveur! que j'aime l'éclat de ses beaux yeux, d'une si loyale franchise qu'il semble que rien de caché n'en peut ternir la lumière! que je l'aime, et combien je sens que je ne saurais trop l'aimer! — Pour la mère, la mère tant éprouvée par le deuil de celui qu'elle pleure, c'est son bien, cet enfant, sa joie, l'espoir de l'avenir, la consolation de sa part de bonheur sitôt disparue. Mais pour moi c'est plus qu'un rejeton de famille, ce petit être adoré, c'est mon fils dont je crois retrouver l'enfance, dont je respire le souffle; les caresses que je lui prodigue, les baisers dont je couvre ses cheveux et son front, il vont plus loin que ceux que d'autres lui donnent, car sous mes lèvres frémissantes je sens comme passer l'âme de mon regretté fils, et tout me dit que je dois répondre à la confiance que ce fils mourant a mise en moi, certain que je serai pour sa Valentine tout à la

fois grand-père et père. Aussi demandé-je à
Dieu de me laisser le temps de remplir dignement, selon ma force et mon désir, le devoir
que m'a légué celui qui plane dans les mysté-
rieuses profondeurs de l'inconnu où va se perdre
ma prière.

Je me sens animé d'un amour profond, et sans
préférence aucune, à l'égard des miens, mes
deux autres petits enfants : ma Jeanne et mon
René, ont pour eux le privilège de porter la
trace toujours chaude des caresses de ma bien
aimée compagne ; et s'ils n'ont pas gardé le souvenir, trop lointain pour leur âge, de cette tendresse perdue, ils n'en restent pas moins, devant
moi, nimbés de ses rayons : quand à ma Valentine, la pauvre orpheline, si je ne la vois pas
avec l'image de celle qui l'eût tant aimée, je la
regarde avec les yeux de mon fils, et je sens que
le deuil qui l'a frappée lui donne, en quelque
sorte, droit à plus de tendresse encore, pour
combler le vide que la mort a creusé dans sa vie.

L'avenir de ce trio béni me tourmente cependant plus du côté de ma Jeanne et de mon
René que du côté de ma Valentine. Jeanne,

presque une jeune fille aujourd'hui, d'une
beauté chaste et douce, ayant dans le velouté
de ses yeux honnêtes, dans la fraîche carnation
de sa saine jeunesse, tout le charme d'une
grâce virginale, est, avec sa nature aimante et
son cœur expansif, ce que l'on peut rêver de
plus complet pour le bonheur de celui qui
saura comprendre ce que cette digne fille de
sa digne mère mérite d'éternelles adorations.
Mais quel sera cet inconnu, si la destinée lui
réserve les joies et les tourments de la famille?
Notre siècle de plus en plus positif tient si
peu compte aujourd'hui de ce qui n'est pas
la fortune, que les qualités morales perdent
chaque jour de leur attrait... L'homme, pour
en finir avec une vie de désordre dans laquelle
les forces de sa jeunesse se sont épuisées, ne
cherche trop souvent dans les liens du mariage
que le moyen de se refaire la bourse et la santé.
Le sentiment devient, dès lors, une chose bien
creuse pour qui ne rêve que la satisfaction des
sens, et qui ne voit dans les battements d'un cœur
que les niaises émotions d'une faible nature.
Sauf de rares exceptions, le mariage n'est plus

pour l'époux qu'une opération financière dans laquelle la jeune fille, devenue femme, voit s'effeuiller brutalement, au souffle des désillusions, son rêve virginal. Serons-nous assez heureux pour échapper au danger que je signale, et rencontrer celui qui, jaloux de son propre bonheur, comprendra ce que l'âme innocente et douce de ma Jeanne renferme de trésors de tendresse et de félicités pour qui saura se faire aimer pour lui-même, comme il saura l'aimer pour elle-même? Mon petit-fils, lui, me tourmente d'autre façon; bonne nature, caressante et naïve, qui semble posséder toutes les qualités d'un cœur aimant, mais se trouvant trop jeune encore pour qu'il soit possible de savoir quelle sera sa position future. Puis, d'autre part, quand sorti du collège, il fera ses premiers pas dans le monde, au milieu d'une jeunesse toujours si débordante de fièvre et de passsions, quelle sera la force de son caractère pour ne pas se laisser emporter par le courant des plaisirs faciles et rouler dans l'abîme avec ceux qui ne savent pas s'arrêter quand il en est encore temps? Conséquence funeste d'une loi morale si différente pour l'homme de celle imposée à la femme, et de laquelle découle la presque totalité de nos misères.

Pour ce qui est de ma petite Valentine, son avenir me tourmente moins que celui de mes autres petits-enfants. Pourquoi?... je ne sais au juste, puisqu'elle demeure, la chère mignonne, dans les mêmes conditions que ma Jeanne à l'égard du mariage qu'elle est sans doute appelée, elle aussi, à faire un jour. Est-ce parce que, de huit ans plus jeune que sa cousine, cette grave question se trouve me laisser tout le temps d'y réfléchir? — Est-ce parce que l'éducation stimulante de l'école, ne la renfermant pas dans le cercle restreint de la famille et lui facilitant les relations du monde, la dispose à plus d'initiative pour le moment où il lui faudra entrer en scène et jouer le rôle de sa destinée?... Toujours est-il que je me sens comme relativement tranquille en songeant à l'avenir de l'enfant de mon fils. D'autant plus que le véritable fond de ma quiétude repose sur les dispositions musicales que je vois, chaque jour, se manifester en elle

sans prétendre pour cela voir dans les débuts
de l'enfant le germe d'un prodige, ce dont je
rends grâce au ciel, pour son propre bonheur,
— attendu que les pousses trop hâtives donnent
rarement les fruits qu'elles promettent, ou,
quand elles les donnent, ce n'est souvent,
hélas! qu'au détriment de la branche dont la
sève, vite épuisée, se meurt en pleine floraison. — Non! mon enfantine artiste n'apporte à
ma croyance en son futur talent que des
espérances, mais des espérances qui ne peuvent être trompeuses, tant ce que je constate
dans l'organisme de ma petite musicienne appa-
rait comme étant la garantie de sa vocation.
— Il y a dans cette enfant, en plus d'une
oreille fort juste et le sentiment très prononcé
de la mesure, quelque chose d'assez rare pour
son âge : une tendance à la composition. A
peine ses doigts se sont-ils trouvés sur un
piano que, comme se sentant unie à une
voix parlant à son âme, elle a d'istinct impro-
visé une série d'accords dont quelques-uns
n'ont pas tardé à prendre forme. Si bien qu'à
peine âgée de 6 ans, et n'ayant encore que des

notions préliminaires, elle a su tirer de l'instrument, sollicité par elle, de naïves et courtes
compositions dont quelques-une lui ssont
restées pendant un temps dans la mémoire,
alors que d'autres, de plus longue étendue, se
sont envolées sans laisser d'autre trace que
l'impression très captivante du sentiment
mélodieux qui les avait enfantées. Il y a
certes, dans ces dispositions natives les prémi-
ces d'une véritable artiste; et comme l'une de
ses tantes, jeune femme d'un très beau talent,
brillante élève d'un grand Maître, tient, avec
succès, un cours de solfège et de piano; que,
de plus, ce gracieux professeur s'est pris d'une
sincère affection pour sa petite élève, je reste
convaincu que dans ces conditions favorables
ma chère Valentine ne peut que faire de rapides progrès. C'est donc, dans l'avenir, la
situation de ma Valentine presque assurée,
et situation d'autant plus propre à faire son
bonheur que s'il lui fallait rester fille, ou si
mariée elle ne rencontrait pas, dans son
union, l'époux de ses rêves, elle aurait la consolation de sentir combien l'Art, dans ce qu'il

a d'éthéré, peut endormir les peines et charmer la solitude. — L'Artiste, en poursuivant dans un monde de lumière l'Idéal dont il se sent épris, emporté par la fièvre qui l'agite, ébloui par les visions dont il s'affole, demeure, à ces moments d'énivrantes extases, dans l'oubli complet de toutes les douleurs qui le rattachent aux misères de la vie.

O mon fils bien aimé! que tu serais heureux de voir ta petite Valentine, assise devant son grand piano, montée sur le tabouret, que des coussins rehausent, promener les doigts effilés de ses mignonnes mains sur l'instrument qui résonne dans une série de modulations empreintes parfois d'un véritable charme; à la moindre fausse note, l'oreille attentive de la petite exécutante se dresse pour aussitôt réclamer la reprise du motif défectueux : quelquefois le gazouillis d'un chant timide vient se mêler à cette musique enfantine, qui s'essaie, s'enhardit, puis enfin s'emporte dans l'oubli de toute réserve : et alors rien de plus charmant que ce concert d'oiseau réjouissant de ses naïves harmonies son complaisant et familial auditoire. Personnellement, c'est de tout cœur que j'écoute ma petite musicienne. Aurait-elle, devant un autre public que nous et surtout que moi, son grand-père, un ausi facile succès? On peut, sans crainte de faire erreur, affirmer que non! sans pour cela que mes bravos soient dépourvus de la valeur que je leur donne. Si l'enfant n'a rien encore des qualités brillantes qui étonnent un public, elle possède déjà, valeur moins commode à saisir pour qui n'est pas observateur, quelque chose du sentiment de son art. Ce n'est ni devant une précoce facilité d'exécution, ni devant une intelligence prompte à retenir les leçons d'un maître qu'il faut, dans l'élève, découvrir l'artiste : certes cette association d'une heureuse mémoire avec un savant mécanisme du doigté sont des outils précieux dont on ne saurait trop reconnaître les services; mais, si précieux qu'ils soient, ils ne demeurent que les serviteurs de la science que l'on poursuit. — Sans le souffle d'une âme animant, colorant, faisant tressaillir toutes les parties de l'œuvre enfantée, il n'y a plus que l'exécutant qui, s'il est habile, nous étonne sans nous toucher. La musique, dont les caresses mélodieuses agissent avec tant de puissance sur les natures sentimentales, doit avant tout, comme la poésie sa sœur, être l'expression du beau dans ce qu'il a de plus parfait; c'est au rythme d'accords savamment nuancés, qui tour à tour chantent, pleurent, grondent, éclatent, s'apaisent, que le génie, animé de l'amour le plus immatériel, nous emporte dans l'envolée céleste de son orchestration. Or cette flamme précieuse du sentiment, il me semble en apercevoir la naissante lumière dans les accords improvisés par ma petite Valentine; et sans prétendre qu'elle sera un jour exécutante de première force, je cois pouvoir affirmer qu'elle tient dès à présent le souffle de son art.

———

Depuis quelque temps je poursuis au crayon une étude, grandeur nature, d'un portrait de mon fils tenant sur ses genoux sa chère Valentine. Une petite épreuve photographique, faite dans le temps où nous habitions la demeure qui le vit mourir, m'a servi de modèle. C'est un souvenir'très vivant, tant par le naturel d'une pose qui lui était familière, que par le dépourvu de tout arrangement fait en vue d'un tableau ; c'est bien là, dans le négligé du moment, la façon dont il croisait ses jambes et joignait ses mains, pour y emprisonner celles de son enfant; c'est bien ainsi qu'il se sentait heureux d'appuyer contre sa poitrine ce petit être qui, de son côté, se pelotonne dans ce nid d'amour, et reste, sous mon crayon, le regard songeur semblant s'unir aux soucieuses pensées de son père : groupe mélancolique portant comme le vague pressentiment d'une prochaine séparation ; de là le besoin, pour ces deux cœurs de resserrer davantage le lien de leur affectueuse étreinte. Par un heureux hasard tout, dans le modèle réduit que m'offre l'épreuve photographique, se trouve être dans un arrangement parfait, portant bien le caractère de ceux dont elle garde l'image : si bien que je m'attache à mon œuvre, et qu'à mesure qu'elle

touche à sa fin il me semble toujours voir s'animer davantage la calme et sympathique figure
de mon regretté fils, dont la coupe de visage,
les longs cheveux, la barbe fine et soyeuse
font de sa tête, intelligente et pensive, comme
la sainte image d'un doux Christ; et alors je me
sens pris du désir de prolonger mon travail, tant
il me semble, en m'absorbant en lui, que mon
crayon, quelle que soit son insuffisance, n'en arrache pas moins à l'oubli quelque peu de celui
que je pleure ; n'ai-je pas, en immobilisant sur
la toile l'affectueuse union de ces deux êtres,
satisfait au désir de ce père si malheureux à
l'heure de sa mort de se voir arraché aux caresses
de sa fille ? Le voilà ! présentement, revenu parmi
les siens, ne craignant plus d'être séparé de son
enfant, qui pourra grandir sous ses yeux tout en
restant dans ses bras petite et toujours même.
Et puis ce portrait, ne doit-il pas conserver à
l'orpheline la mémoire de son père? n'est-ce
pas devant lui que, chaque soir, sa prière ache-
vée, elle redira en le fixant avec amour : « O
mon père bien-aimé ! quand je me vois ainsi
reposant sur tes genoux, comme c'était le bon-

heur de mon enfance ; quand, à relire le livre que m'a laissé grand-père, je sens mes souvenirs qui se réveillent, je souffre de ne plus t'avoir là, près de nous, pour partager avec ma bonne mère les caresses qu'il me serait si doux de te donner et dont il me faut hélas ! garder dans mon cœur la part qui t'en revient. »

Ah ! qu'il m'est dur de m'abimer ainsi dans ma douleur. Est-il donc vrai que je t'ai perdu, mon fils aimé? Tant de fois je veux distraire de ma pensée les deuils qui m'accablent, qu'à de certains moments je suis comme ne comprenant rien à l'épouvantable drame de ma vie....... O sainte compagne de mes jours !... O mon fils!... O mon foyer de famille!... O ma jeunesse! où êtes-vous?..... Les débris de mon bonheur passé : ma fille, mes petits enfants sont là, m'entourant de leur affection, je le sais, mais je ne puis les absorber dans mes regrets : et si je n'avais pas sous la main plumes et crayons, où trouverais-je le courage nécessaire pour ne pas m'abimer dans la tristesse de mes dernières heures? Mais l'Art, ce Maître de toutes nos facultés, quand il nous tient, a d'autant

8.

plus d'empire sur nous que le but poursuivi se trouve placé plus haut.

Esclave d'une morale dont je déplore le cruel abandon; ne rêvant que de la servir; épris de passion pour tout ce qui touche aux formes musicales de la poésie, j'ai, dans le silence de mon recueillement, traduit, au mieux de mon savoir, nombre de mes pensées en gardant l'espérance de livrer, un jour, à la publicité les tentatives de ma chaste muse. — Travaux sans cesse revus, abandonnés, repris; œuvre incomplète qui me laisse toujours hésitant, quoique je sente en moi qu'un souffle de vérité m'anime. Fort de mes croyances, irréconciliable ennemi des apôtres de l'athéisme; juge inflexible des honteuses débauches d'une folle jeunesse, j'ai frappé d'une main brutale, mais sincère, ce qui me semblait être la honte de l'humanité. Si bien qu'aujourd'hui, comme hier, je reste convaincu qu'à défaut d'autre mérite que l'honnête, mes essais littéraires et poétiques ont droit à la publicité. Va donc, ô ma chaste muse! et puisque l'âge n'effilore rien encore de la printanière floraison de notre lointaine jeunesse, profitons de cette faveur pour ne pas clore la paupière avant d'avoir laissé quelque chose du souffle de notre âme.

———

Dans le feuilleton d'un journal que le hasard a mis sous mes yeux, je suis tombé sur le passage suivant : il était question d'une mère venant d'apprendre que son fils, jeune homme de vingt ans, empoisonné par sa maîtresse, l'avait demandée avant de mourir : « Oh ! mon pauvre petit !... mon pauvre petit ! j'étais bien peu digne de ton amour, moi qui n'ai su ni te protéger, ni te sauver ». Et, témoin de cette grande douleur, une jeune fille de lui dire : — « Taisez-vous ; vous vous torturez et vous blasphémez. Car vous avez rempli tous vos devoirs ».

Pourquoi ai-je été frappé par la ressemblance qu'il y a dans ces remords, conséquences d'un excès de tendresse maternelle, et ceux que j'éprouve également, alors qu'autour de moi, ceux qui me connaissent disent, eux aussi : « *Taisez-vous, vous vous torturez et vous blasphémez ! car vous avez rempli tous vos devoirs* ». — C'est que, si peu méritées que soient les accusations que nos regrets apportent à notre impuissance de conjurer certains malheurs, la perte de nos enfants nous paraît si contraire aux lois de la nature que, sourds à ce que les consolations viennent nous dire, il nous semble toujours que notre prévoyance s'est trouvée en défaut ; l'existence de ces êtres aimés qui demeurent, quel que soit leur âge, comme éternellement confiés à notre garde, nous entretiennent dans la croyance que nous sommes responsables, toujours et malgré tout, des accidents dont ils sont les victimes. Nous nous trouvons coupables, sans vouloir reconnaître que même à s'absorber dans la tension d'une vigilance de tous les instants, l'imprévu ne reste pas moins là, pour dérouter les plus savants calculs... Oui! mais aucun des raisonnements qui vous sont faits, comme aucun de ceux qu'on se fait, ne peuvent réduire au silence les torturantes analyses de la conscience. Si loin que l'on soit allé dans le devoir, des défaillances

légères, que l'on se plaît à grossir, vous apportent la conviction que le malheur qui vous frappe eût été évité, si l'on ne s'était pas endormi dans les trompeuses caresses de la quiétude. — Malheureux père!... père infortuné!... pauvre père!... je cherche, je m'interroge, je veux me soustraire à ces continuels retours vers le passé ; je fais appel à mes sentiments pour ce fils adoré, aux soins constants dont il fut l'objet, je me dis que la nature humaine a ses instants de fatigue, de distraction, d'erreur, — hélas! rien ne vient calmer mes tourments : car si la douleur de voir mourir les nôtres, quand ils vivent à nos côtés, éveille en nous des voix accusatrices, combien sont plus fortes ces voix quand les pleurs que l'on verse nous viennent d'un deuil aussi cruel que celui qu'il me faut porter! Ce fils d'une nature si tendre, qui se reposait en toute confiance sur mon affection, certain qu'elle ne lui ferait jamais défaut, ne l'ai-je pas trahi en ne le sauvant pas de la mort? De là cet appel désespéré à l'heure de notre séparation, quand il me criait, dans sa foi en mon invincible amour : « Père!... Père! sauve moi!... » Oui j'aurais dû te sauver, et ne pas trahir ta sainte et naïve confiance :... O mon fils bien aimé!... mon Charles!... mon pauvre enfant!... qu'aurait-il fallu faire?... t'emporter dès le début, dans un air pur, vers le midi peut-être?... que sais-je! puisque c'est au moment où je croyais presque au salut, à l'heure où, suivant une médication nouvelle, je te saturais d'ozone dont tu semblais te trouver bien ; quand depuis près de trois semaines les crachements de sang n'avaient pas reparu ; qu'enfin tout nous apportait l'espérance d'une amélioration sensible, que je t'ai vu disparaître dans une crise aussi foudroyante qu'inattendue... Ah ! son dernier baiser, ce baiser d'une âme qui s'arrache à tout ce qui fut la source de ses tendresses, que de choses ont dû passer avec lui quand il s'est posé sur ma joue?.., toute sa douce enfance ; le foyer de famille près de sa tendre mère, près de sa sœur aimée, près de moi, sa chère petite femme, son enfant, toute une vie de soleil et d'amour s'éteignant dans un dernier souffle. « Adieu! passé, adieu! jeunesse, avenir .. je meurs ! » Et toujours de revenir à moi ce moment où ses lèvres ont cherché mon visage pour y laisser la trace d'une dernière caresse...

Quelle affection dans le cœur de cet enfant, et combien son absence me fait défaut! nous étions si bien faits pour nous comprendre, nous étions si heureux d'échanger, dans de continulles communautés d'idées, nos sentiments sur les arts et l'industrie; toujours ensemble, travaillant à la recherche d'idées nouvelles, notre union était si complète que tous ceux qui nous approchaient la devinaient à première vue. Et puis il est si bon de se sentir vivre en un être prêt à tous les dévouements, comme à tous les pardons. Il n'y a que deux amours abnégatifs au-delà de toute expression, lorsqu'ils sont ce qu'ils doivent être : l'amour des parents, de la mère surtout, pour le fruit de leur union, et l'amour des enfants pour les auteurs de leurs jours. — Si grande que soit la faute commise, la mère garde, quand même, pour son enfant, cette part d'éternelle indulgence qui devient souvent, pour elle, la source de bien des pleurs; et de son côté l'enfant ne veut rien connaître de ce qui pourrait déflorer le sentiment qu'il porte à ses parents dont il demeure, quoi que l'on dise ou fasse, l'aveugle défenseur. Et c'est un bien à nul autre comparable, que cette affection qui fait que l'on se sent aimé de telle sorte, que rien ne saurait ébranler le fidèle appui de l'être qui s'est fait votre consolateur, et ne veut en aucun cas se faire votre juge. Seule à présent, ma fille me reste pour me donner, si besoin était, cette absolution exempte de toute analyse, qui demeure le refuge où vont pleurer les remords du coupable. Si convaincu que l'on puisse être de ne jamais se trouver dans la triste nécessité de se réfugier dans cette indulgence maternelle ou filiale, ce n'en est pas moins, pour le cœur, une joie bien douce que de pouvoir se dire : « Là ! près de moi, il est un être dont l'amour est tel, qu'il n'est pas de gouffre où je puisse tomber, sans que sa main amie vienne m'apporter son secours. » — Certes ma belle-fille et mes petits-enfants ont pour moi une affection profonde, mais la première ne se rattache pas à ma vie par les liens du sang, et mon simple titre de beau-père n'a droit qu'à une sympathie réciproque basée sur notre affection mutuelle, et notre malheur commun. Quant à mes petits-enfants, mon amour de grand-père serait bien mal venu de spéculer sur autre chose que sur leur bon vouloir de se laisser aimer. Il y a si grande différence d'âge entre cette aurore de leur vie et le crépuscule de la nôtre, que pour trouver dans ces chers petits inconscients quelque peu du sentiment qu'ils nous inspirent, il faut, tout en gardant le prestige du respect, ne nous offrir à leurs caresses que le sourire sur les lèvres et la bonté dans les yeux. Nous n'avons pas à faire l'éducation de nos petits enfants, laquelle incombe à leurs parents directs; ils sont pour nous comme un rayon de notre lointaine jeunesse, les fruits de l'amour de ceux qui furent les fruits du nôtre; toute cette grâce, cette fraîcheur, cette innocence, nous en buvons du regard la céleste lumière, et, tant que nos facultés n'ont rien perdu de leur sensibilité notre sang se réchauffe à ce foyer de vie. Leur vue ramène nos souvenirs à ce temps où, près d'une femme aimée, on berçait l'enfant qui resserre les liens de la famille et justifie les brûlantes ardeurs de la possession. Car de même que l'échange de chastes aveux, entre fiancés, demeure la poésie de l'amour, de même les enfants demeurent la poésie du mariage. — Mais nous, grands-parents, que sommes-nous pour nos petits-enfants, sous nos fronts neigeux et nos rides profondes, alors même que nulle infirmité apparente, nulle laideur trop sensible, ne sont venues faire de nous de pauvres invalides? Si, par un sentiment de grande charité, le cœur de l'homme se prend de pitié pour qui montre ses plaies; si, surmontant le dégout que nous inspire le spectacle de certaines misères, nous nous sentons la force d'accomplir notre devoir, ce n'est pas aux petits enfants qu'il faut aller demander le sacrifice de leurs impressions. Et d'ailleurs la pétulance de leur activité, la soif de vie qui les tourmente qu'ont-elles de commun avec le calme des aïeux? — Certes, le petit enfant choyé par les gâteries des grands-parents peut se prendre de bonne affection pour ces vieux Noël de tous les jours, mais trop d'éléments contraires les séparent de nous pour que, dans une union où nous donnons ce qu'il nous reste de chaleur dans l'âme, ces oiseaux aussi charmants que légers puissent nous offrir autre chose qu'un peu du souffle printanier de leurs lèvres souriantes.

Quatre décembre... C'est aujourd'hui le quatre décembre, l'anniversaire de la naissance de l'enfant de mon fils, l'anniversaire, également, de ma propre naissance. Que nous étions heureux de cette coïncidence, qui semblait resserrer davantage encore les liens me rattachant au jeune ménage uni par mes soins! et que de fois je me plaisais à dire avec une douce gaîté : « *Ma Valentine et moi sommes nés le même jour.* »

La naissance de cette enfant, saluée avec joie par notre pauvre famille tant éprouvée, fut pour mon fils une véritable ivresse : quelle révolution dans sa vie que la venue de ce petit être !... Aux premiers cris poussés par la chétive créature qu'il tremblait de toucher, toutes les voix de son âme répondaient : « Tu es père ! la grande loi de l'humanité te compte, aujourd'hui, dans le nombre de ceux qui l'aident à poursuivre sa route à travers les siècles. Le dépôt sacré de la génération que tu tenais de Dieu, par tes parents, tu viens de le verser sur cette pousse vivace qui grandira, pour, devenue : femme, épouse et mère, conserver dans une éternelle jeunesse les sources de l'éternel amour. »

Oh ! paternité ! mélange d'indicibles joies et de tenaillantes angoisses ! paternité ! que d'espérances le cœur des époux a déposées dans le nid chaud de caresses où repose le fruit de leur union ! Et comme le couple béni, penché sur le berceau de la frêle créature qui ne donne encore de sa personnalité que les rayonnantes fraîcheurs d'une aube printannière, va brodant de ses rêves le voile de l'avenir !

Aujourd'hui que cet anniversaire du quatre décembre ne m'apporte plus que le spectacle d'un intérieur brisé, je souffre ! et cependant je m'applaudis encore d'avoir contribué largement à l'union de deux êtres si bien faits pour se comprendre. Le cœur de mon fils venait de parler et me trouvait, comme je l'ai dit plus haut, d'autant plus sympathique au choix qu'il avait fait, que la jeune fille dont il était épris, aimante, modeste, courageuse et toute de dévouement, venait resserrer, entre son père et moi, les liens d'une affection dans laquelle vivait tout un passé que nous étions heureux de réveiller dans de longues causeries ; je ne me doutais guère, hélas ! qu'entre l'époque des fiançailles et celle du mariage de nos enfants, il me faudrait conduire ce vieil ami à sa dernière demeure.

Devant la situation encore bien incertaine de mon fils, j'aurais, avant de le livrer à la responsabilité d'un jeune ménage, mis des réserves à mon consentement, si quelques rentes, lui venant de l'héritage de sa mère, jointes aux redevances à percevoir pendant dix ans pour la cession d'une licence prise sur l'un de ses brevets, n'étaient venues mettre mes chers enfants à l'abri des premières difficultés de la vie. Devant vivre **avec eux**, n'était-ce pas pour chacun l'économie de **bien** des choses? Enfin! n'avait-il pas devant lui, par sa découverte, la *Galvanatypie*, tout un avenir des plus brillants? Dans ces conditions, je trouvais qu'il y aurait eu cruauté à ne pas laisser, au plus vite, ces vierges natures jouir du droit légitime de s'aimer en pleine liberté.

Aussi, malgré les tristesses de mon deuil, je sens moins l'amertume de mes pleurs, sachant que ce fils adorable n'a pas quitté ce monde sans avoir connu les ineffables joies de l'amour.

Et je n'aurais de cette douce union que des souvenirs pleins de charme, s'ils n'étaient cruellement assombris devant la veuve infortunée dont le bonheur compte si peu d'instants. Quand je revois, présente à mes yeux, comme si j'y étais encore, l'heure si pleine de lumière

des heureuses fiançailles de cet aimable couple,
— quel spectacle! Dans le milieu féerique de
l'un de nos grands ateliers où le festin, sous
le feu des bougies, étalait les richesses de son
beau service, tout autour de la table se grou-
paient les heureux convives, réunion de deux
familles ; les splendeurs du *Sylvain-Décor* ren-
voyaient du fond de la salle leurs scintille-
ments métalliques, les rires s'envolaient en
bruyantes fusées, une fièvre d'expansion échauf-
fait tous les cœurs, les toasts se mêlaient aux
accolades : c'était l'éblouissante magie du rêve
enveloppant de ses captivantes caresses ma
future belle-fille, entourée, choyée, trônant
en petite reine, heureuse de se sentir si sin-
cèrement aimée, et s'abandonnant, avec la
naïveté de sa bonne nature, aux promesses
dorées que l'heure présente venait chanter à
ses oreilles. Et près d'elle, non moins étourdi
de son bonheur, mon fils, son fiancé, dans
la séduisante élégance de sa distinction, fier
de savoir son nom sorti de l'inconnu, et déjà
l'objet de citations dans des revues scien-
tifiques, donnant libre cours à l'exubérance

de sa belle nature, menant sa fiancée parcourir nos vastes ateliers de travail, lui montrant l'outillage créé par lui, les différentes transformations de la plante soumise au traitements de la *Galvanatypie* ; recevant de sa future. famille des éloges dont sa modestie n'acceptait qu'une faible partie, se sentant déjà l'ami de ses futurs beau-frères dont les braves cœurs allaient bientôt faire de lui un véritable frère, enfin jouissant sans réserve de la fête préparée, par mes soins, pour célébrer ses fiançailles... Hélas! comme le décor a changé! Infortunée jeune femme! rien des rêves entrevus dans ce jour d'ivresse, si ce n'est l'affection sincère de celui dont tu portes le nom, n'est venu répondre aux espérances conçues. A peine si l'envolée de ta croyance avait quitté la terre que le destin, brisant tes ailes, te rejette à genoux pleurant sur le froid d'une tombe... Et te voilà, séparée du compagnon de ta vie, forcée de reprendre le chemin de cette ville d'Argenteuil, où si tu retrouves ta bonne mère et les consolations qu'elle peut t'offrir, il te faut, à nouveau,

compagne, qui m'a consolé, soutenu, fait ressentir le besoin de vivre encore, si ce n'est cet enfant, modèle de piété filiale, que j'ai toujours trouvé le même, dans l'inépuisable bonté de sa nature aimante?

Que vient faire, alors! dans ce commandement, dit de Dieu : « *Tes père et mère honoreras* », cette conclusion : « *Afin de vivre longuement* », puisque, de tous ceux qui se sont conformés à la loi qu'il impose, mon noble fils, l'un des plus méritants, est emporté à la fleur de l'âge, me laissant, moi, son malheureux père, poursuivre, sans son appui, ma pénible vieillesse?

Seul de tous les commandements inscrits en tête du catéchisme chrétien, ce quatrième vient dire : Sois soumis aux lois de ton Créateur, si tu veux en être récompensé par la prolongation de tes jours. Je comprendrais : *tes père et mère honoreras, pour avoir droit pareillement*, mais non cette promesse que tant de démentis viennent réduire à l'état de non valeur. Je m'incline avec respect devant la haute et saine morale découlant de chacun des

commandements du Décalogue : moins l'amour
du prochain qu'il était réservé au Christ d'apporter, ces commandements résument le véritable code de l'humanité, et les devoirs qu'il
impose à toute âme éprise de justice, semblent
bien dictés par l'infaillible sagesse d'un esprit
animé du souffle de son Créateur. Mais je me
suis toujours révolté devant ce qui apporte, au
culte des vérités supérieures, des raisonnements dont la critique peut jeter un trouble
profond dans l'âme des inquiets. Que de de
fois ne dit-on pas, parlant du méchant victime de ses propres machinations, ou frappé
d'une catastrophe inattendue : — « C'est Dieu
qui l'a puni », phrase faisant le pendant du
dicton : « La vertu, tôt ou tard, ici-bas, trouve
toujours sa récompense ». Il n'est rien, à mon
sens, de plus funeste à la croyance en Dieu que
ces affirmations gratuites sur les effets prématurés d'une justice supérieure, alors qu'autour
de nous nous voyons continuellement l'intervention divine comme en défaut, si, par avance,
nous l'acceptons comme se manifestant complète
dans le cercle restreint qui limite notre durée

sur la terre. Tant de misérables jouissent
impunément du fruit de leurs crimes; tant
de malheureux souffrent de maux immérités;
tant d'actions héroïques, inconnues ou fausse-
ment jugées font du héros un martyr, alors que
des charlatans de la gloire sont divinisés par
la foule, qu'à montrer l'intervention divine,
ici-bas, quand elle vient parfois donner raison
à nos espérances, autrement que comme un
appel à la nécessité de croire en une justice
supérieure, — c'est mettre en danger la Foi de
ceux qui souffrent; c'est donner prise sur Dieu
aux témoins de ce renversement des lois de
leur conscience. De là ce cri des âmes en pleine
révolte devant certaines iniquités : « Dieu
n'existe pas!... » ou : « Dieu n'est pas juste!... »
ou pis encore : « Dieu, c'est le mal. » — Conséquences fatales du vouloir trop hâtif de la fin
des choses, alors que patiemment nous de-
vons, au contraire, affirmer d'autant plus notre
confiance en cette justice suprême, la consolation des bons et l'effroi des mauvais, qu'elle
ne saurait être en nous si Dieu ne l'y avait
pas mise.

Rien des mystères enveloppant notre destinée ne nous livre ses secrets : notre logique,
qui ne peut s'exercer que sur des faits, conséquences d'actions dont les termes extrêmes :
départ et arrivée, nous échappent et nous
échapperont toujours, s'égare à prétendre dé-
passer les limites de son pouvoir. Nos incertitudes n'ont qu'un guide : l'amour! qu'il
nous faut suivre sans réticence, avec la soumission de l'aveugle abandonnant sa main à
la main charitable qui l'a pris en pitié, rassure
ses craintes, raffermit son pas, et le conduit au
milieu des périls, en compagnon clairvoyant
et fidèle, vers le but qu'il lui faut atteindre :
l'amour qui, se dérobant aux lois de la matière,
défie l'analyse, et donne à toute âme qui s'en
laisse doucement pénétrer l'instinctif sentiment du souffle immortel dont elle est ani-
mée. C'est alors que, dans le calme des nuits,
contemplant les splendeurs du ciel constellé
d'étoiles, soleils tourbillonnant dans l'espace
avec des rapidités vertigineuses, tout démontre
à nos esprits s'enfonçant dans le gouffre de
l'Infini, l'indispensable présence d'un Créateur,

seul Maître et seule Volonté des forces, des
mouvements et des équilibres qui tiennent dans
un constant accord les harmonies de la nature.
Mais si l'instinct du vrai suffit à nous conduire
dans la voie ouverte aux tranquilités de notre
confiance, la lumière, pour cela, ne se fait pas
en nous, et le rôle de notre destinée demeure,
malgré tout, le tourmentant supplice de nos
continuelles incertitudes. Pour ce qui est de
moi, adorateur constant d'un Dieu qui ne me
vit jamais rebelle à sa croyance, je sens bien que
je porte, en l'immatérielle partie de mon être,
une force d'attraction qui me pousse par delà
le tombeau vers une clarté que je ne puis
définir, et qui ne peut être que l'aube de la
résurrection, mais c'est tout ! et cependant
c'est assez pour rassurer mon cœur, car d'où me
viendrait cette intuition de l'immortalité que la
prière fortifie d'autant plus en moi que je me
livre à elle avec plus d'abandon? Pourquoi
tous les tourments sur le résultat final de ma
destinée cessent-ils de me poursuivre sitôt que
les voix intérieures de ma résignation viennent
me dire que mes luttes, mes deuils, mes

inquiétudes doivent être nécessaires aux conclusions d'une justice 'dont la sagesse ne peut
être en défaut? mais vouloir déduire de ce qui
se passe journellement sous nos yeux, que
cette justice termine ici son œuvre c'est
ébranler, plus encore, c'est détruire notre confiance en elle, puisque tant d'exemples sont là
pour la mettre en défaut. C'est justement
parce que nous avons soif d'équité qu'ils nous
faut, dépassant les horizons funèbres de la
mort, reporter plus loin que leurs limites le
tribunal devant lequel nous nous présenterons,
à l'abri de tout faux témoignage, pour répondre de nos actes, assistés de notre défenseur,
la conscience. Pénétré de cette salutaire
croyance, plus que jamais je repousse du
commandement : « *Tes père et mère honoreras* », la conclusion qui prétend justifier la
raison de ce commandement par : « *afin de
vivre longuement* », cette conclusion si gran-
dement démentie par ta mort, mon pauvre enfant! Toi, le fils respectueux, aimant et soumis s'il en fut; toi, l'esclave d'un devoir qui te
vit toujours prêt à le remplir, et dans lequel tu

n'as jamais failli. O mon Dieu! Dieu tout puissant! Divin père de l'humanité! si je souffre sans t'accuser, si je me courbe sans révolte sous le poids de mes épreuves, c'est que je sais qu'il en fut, et qu'il en est de bien autrement terribles que les miennes, et que ton impeccable bonté ne peut pas ne vouloir de nous, tes faibles créatures, que le spectacle de nos larmes

---

« Heureux ceux qui meurent jeunes! » vont répétant les voix qui veulent adoucir les deuils prématurés.... Oui! si ceux là, qui sont morts jeunes, ont eu le temps de donner la somme de leur avoir, et si la foudre tombant sur l'arbre plein de sève et de vigueur ne l'a pas frappé, avant la venue des fruits que promettait sa floraison. Mais disparaître sans s'être affirmé; mourir en emportant le secret de son art ou de sa science; mourir quand le but si péniblement poursuivi se montre à portée de votre main... Non! ce n'est pas heureux qu'il faut dire.... Non! ce n'est pas heureux! Le méchant, lui, a toujours trop vécu ; le bon, jamais assez : et si mourir jeune peut être un titre de plus à la gloire de ceux qui partent laissant derrière eux l'éclat d'un nom illustre, il n'en est pas de même pour ceux qui, de même que toi, mon fils ! s'arrachant à tout ce qu'ils aiment, femme, enfant, père. sœur, amis, tombent en disant, comme André Chénier en se frappant le font : « *Je n'ai rien fait pour la postérité, et pourtant j'avais là quelque chose.* »

Spectacle épouvantable, et qui se laisse à ceux qui pleurent la mémoire d'une infortunée victime, une inconsolable douleur. Non! pas heureux ceux qui meurent jeunes, quand ceux-là, nature d'élite, esprits inventifs n'ont presque rien donné de leur génie et laissent derrière eux une jeune famille n'ayant pas la sécurité que son soutien naturel rêvait de lui donner un jour.

Ah! quand je pense à toutes ces existences mondaines d'être, sans valeur, qui vont traînant leur paresseuse jeunesse ; quand je

vois tant d'inutiles gaspiller, dans le désœuvre-
ment de leur ennui, la fortune de leurs parents,
et que je pense à ce qu'un peu de l'or de ces
prodigues aurait fait de toi, je ne puis, quoique
je fasse, me résigner au silence, et j'accuse
l'aveuglement de ceux qui n'ont pas voulu
comprendre qu'à substituer le crédit de leur
bourse aux louanges qu'ils te donnaient, il y
aurait eu pour eux, comme pour toi, — gloire
et profit.

Mais, va! noble nature, digne fils de ta sainte
mère, quelque cruelle que soit pour nous ta
perte, le souvenir que tu nous laisses est bien
autrement précieux que si, sacrifiant au Veau
d'or, tes sentiments se fussent avilis dans de
honteux compromis. Si courte qu'ait été ta destinée, si simple qu'ait été ta vie dont je viens
de retracer, au mieux de ma science, le rapide
exposé, l'élévation de tes sentiments reste là
pour donner la mesure de ce qu'était ta belle
âme; et ta Valentine, après avoir parcouru ces
pages, alors qu'elle sera d'âge à les pouvoir comprendre, sa lecture faite, le cœur ému, faisant
monter vers toi le cri de sa reconnaissance,

viendra dire à son tour ce que tu me disais si souvent, à moi, cher enfant de mon deuil : « *Pauvre père !* »

APPENDICE

Ce que sont devenus les travaux en Galvanatypie qui ont figuré à l'Exposition de l'Observatoire de Paris en 1885.

Rêvant pour la « *Galvanatypie* » une place digne de son inventeur, j'ai pu, grâce à M. Georges Berger, obtenir de M. le Colonel Laussedat, directeur du Conservatoire national des Arts et Métiers, l'autorisation de lui soumettre l'œuvre que je désirais voir figurer dans les galeries de ce Musée du travail; en conséquence je lui fis porter le panneau, reproduit à la figure 403 du supplément des *Merveilles de la science*, de Louis Figuier. Sans redouter pour ce beau spécimen des travaux de mon fils l'examen d'un jury, je ne m'attendais pas, cependant, à recevoir la lettre flatteuse que M. le Colonel Laussedat crut devoir me faire parvenir pour me remercier de la façon la plus charmante, dans les termes suivants :

« *Monsieur,*

« *Vous avez bien voulu, comme suite aux intentions dont vous aviez récemment fait part à mon collège et ami, M. le député Georges Berger, me remettre à titre gracieux, pour les collections du Conservatoire national des Arts et Métiers, un panneau décoratif exécuté par votre regretté fils, d'après son ingénieux procédé de Galvanatypie pour la transformation en plein métal des plantes, feuilles et fleurs naturelles.*

« *Je vous témoigne de nouveau mes remerciements les plus sincères pour le don de ce remarquable travail qui occupera, sous le rappel de votre nom et de celui de M. Charles Juncker, une place des plus intéressantes dans la galerie du travail des métaux de notre Musée industriel.*

« *Agréez, etc.* »

Au reçu de cette lettre élogieuse, je me suis senti profondément ému. Ne venais-je pas d'arracher à la mort une partie de sa proie ?

Désormais, dans ces galeries du Conservatoire des Arts et Métiers, au milieu des merveilles qui l'enrichissent, la *Galvanatypie* avait sa place ; le nom de son inventeur appartenait à l'histoire, et figurait, modestement, mais légitimement, dans le groupe immortel des hommes dont la science a faire progresser plus ou moins les Arts et l'Industrie. Triste, mais fier, en pensant à cette gloire posthume de mon fils, mes regards se sont portés sur l'image que j'ai retracée de lui, et j'ai cru voir ses yeux s'animer d'une reconnaissance pleine de tendresse, pendant que ses lèvres semblaient me dire : « Merci ! père !... Merci ! de m'avoir fait obtenir une place dans ce Musée où si souvent je me suis promené, rêvant de m'illustrer un jour. Merci ! car bien des fois, devant le succès de mes travaux en Galvanatypie, j'ai caressé l'ambition de devenir assez fort dans mon art pour prétendre à l'honneur que tu viens de me faire obtenir. Si, plus tard, d'autres, en s'inspirant de mes procédés arrivent, comme c'était mon espérance, à doter l'Industrie d'un décor qui se prête à tant d'applications

diverses, mes titres, pour revendiquer la pro-
priété de ma découverte, seront là pour me
défendre de toute usurpation ».

Au Musée des Arts décoratifs, sur le désir
exprimé par M. Georges Berger, son président,
figure également un petit cadre décoré par les
procédés de la *Galvanatypie*, en attendant que
le grand Vase de l'Exposition de l'Observatoire,
l'œuvre principale de mon fils, aille prendre la
place d'honneur qui lui a été promise, aussitôt
qu'une construction nouvelle aura fait de ce
musée un véritable palais des merveilles de la
décoration.

Ainsi se trouveront placées selon leur mérite
des œuvres qui, si elles fussent restées dans la
famille, n'auraient eu ni la publicité ni les
hommages qui leur sont si légitimement dûs.

Note relative aux procédés de fabrication
de la Galvanatypie.

En rapportant l'article que Louis Figuier a consacré à la *Galvanatypie*, j'ai dit que nombre d'erreurs s'étaient glissées dans les explications données au sujet des procédés de fabrication employés par mon fils.

En effet, Louis Figuier, dans ses *Merveilles de la Science*, page 473 du supplément, parle de la sorte : « Dès qu'un dépôt assez résistant, quoique très mince, est obtenu par les procédés *ordinaires*, M. Juncker détruit la matière organique qui a servi de moule et il la remplace par un alliage fusible. Mais *auparavant les fleurs et les fruits sont groupés d'une façon gracieuse autour d'un vase métallique approprié*, et le tout est argenté par la méthode électro-chimique ordinaire ».

J'ai souligné toutes les parties à reprendre dans cet exposé des moyens propres à l'exécution d'un décor par l'emploi des plantes natu-

10

relles, tranformées en plein métal, par les procédés de la « Galvanatypie ».

Tout d'abord, ce n'est nullement par les moyens *ordinaires* que se fait le recouvrement métallique d'une plante ou objets naturels, traités en vue d'être le point de départ des travaux de la « Galvanatypie ». Le recouvrement métallique des objets naturels tenté par nombre de Gavanoplastes à toujours présenté de grandes difficultés, vu la nécessité d'avoir, avec le moins d'épaisseur possible, une répartition bien égale de la couche métallique, afin de ne pas déformer le modèle ; de plus la fragilité relative de ces travaux ne permettant pas d'en faire usage dans l'industrie, fait que, même quand ils sont, chose rare, d'une bonne exécution, le seul profit qu'on en puisse tirer c'est de les exposer, à titre de curiosité, dans la vitrine des amateurs. Quelques Galvanoplastes ont bien essayé, par l'emploi de procédés à recouvrement rapide et prolongation de pose dans le bain galvanique, de faire un dépôt plus épais et par conséquent plus résistant ; mais, compris de la sorte, les motifs, forcément empâtés et grumeleux, n'offraient plus rien des charmes du modèle, tout en demeurant, quand même, sans résistance assez sérieuse pour être de quelque utilité dans l'ornementation de l'architecture et du mobilier. Puis, d'autre part, ce n'est pas à prendre la nature comme elle se présente qu'il faut espérer tirer profit des ressources qu'elle vient offrir pour la création d'un nouveau style.

C'est donc à tort que Louis Figuier, dans l'article qui consacre à la « *Galvanatypie* », ne voit dans le travail du recouvrement galvanique, fait par son fils, rien de mieux que ce qu'on fait ces prédécesseurs; alors qu'au contraire, ses recherches pour trouver, en dehors des moyens connus, un recouvrement sans défaut nécessiteraient la matière d'un gros volume, s'il fallait suivre l'inventeur dans ses nombreuses tentatives, tant cette opération délicate d'un bon recouvrement lui semblait importante pour mener à bien les travaux de décoration par la *Galvanatypie*. — Après dix années de recherches, d'expériences coûteuses, d'études conti-

nuelles, l'amour du parfait, le tenant toujours
en haleine, le poussait encore, malgré des résultats merveilleux, à poursuivre de nouveaux
essais, dans l'espérance d'arriver soit à mieux,
soit à plus facile, soit à plus économique. Que
de mixtions diverses je l'ai vu employer? que
de dispositions ingénieuses et nouvelles des fils
conducteurs, que de panneaux destinés à les
remplacer je l'ai vu construire, modifier, abandonner, reprendre, puis, en fin de compte,
rejeter pour faire l'essai d'un système tout
différent de ceux déjà victorieusement employés! Aussi comme à voir le résultat des
derniers spécimens de ses recouvrements, on
sent tout de suite la supériorité de sa science
comparée à celle de ses confrères! si bulbeuse
et si molle que soit une plante, si rapide
qu'en puisse venir la flétrissure, l'arracher du
sol nourricier, l'enduire de mixtion, la fixer sur
la planchette magique qui doit l'envelopper
d'un égal courant électrique, la plonger dans le
bain galvanique pour la voir instantanément
se couvrir de ce cuivre saumon rosé si réjouissant à l'œil, étaient l'affaire d'à peine quelques

minutes : si bien que les rares témoins de cette captivante opération ne manquaient jamais d'en exprimer leur sincère admiration.

Donc, ici déjà, l'inventeur de la « *Galvana-typie* » se distinguait de tous ses concurrents dans l'art de métalliser par recouvrement galvanique les plantes, fleurs et objets naturels, car le résultat de ses produits dans ce genre de travail étaient arrivés à un tel état de perfection, qu'ils pouvaient subir l'examen de la loupe.

Mais qu'il me soit permis, après avoir ramené à sa juste valeur le mérite de mon fils dans cette première opération, qui ne le sort pas encore du domaine des galvanoplastes, d'entrer dans quelques considérations sur l'art décoratif par l'emploi des plantes, fleurs et fruits naturels, avant que de poursuivre cette étude sur les moyens de fabrication de la *Galvanatypie*.

Si la nature, avec sa flore merveilleuse et les inépuisables ressources de sa fécondité, offre tout un monde de modèles les plus variés et les plus prodigues en matériaux décoratifs, il s'en faut de beaucoup que ces précieux maté-

riaux, pris comme type d'ornementation, résument, par eux-mêmes, ce que l'on peut
appeler un décor; car sans le secours du sentiment artistique qui doit présider à leur emploi,
ces gracieux serviteurs ne peuvent que perdre
à quitter nos jardins, nos prairies et nos bois.
Quand déjà l'arrangement d'un simple bou-
quet sur une table de salon demande, de la
main qui le touche, et de l'œil qui préside à
son groupement, discernement et goût, à plus
forte raison faut-il dans l'art d'utiliser la nature,
transformée en métal, une grande entente des
effets décoratifs jointe à une éducation particu-
lièrement savante, pour donner à son œuvre
autre chose que l'intérêt d'une curiosité.

Avoir trouvé, comme mon fils, le moyen de
substituer à un simple recouvrement métallique des objets naturels un travail plein métal,
pouvant rivaliser avec les résultats de la fonte,
ne serait qu'un progrès de peu d'importance
pour l'art décoratif, si l'inventeur n'était pas
venu compléter sa découverte par le mérite
d'avoir montré le précieux parti que l'on en
pouvait tirer par la façon intelligente dont il

s'en servait lui-même. Car si une tige, un bois, un fruit peuvent, après métallisation, avoir la force et la durée d'un bronze, comment les feuilles et les pétales de fleurs pourront-ils, sous leur mince épaisseur, s'associer utilement aux parties résistantes de l'œuvre? Il faut donc, comme dans la *Galvanatypie*, pour parer à cet inconvénient, comprendre le décor de façon à ce que les fragiles matériaux ne se présentent plus aux regards que d'un côté, comme dans un bas-relief, pour que les parties cachées subissent des renforcements combinés de manière à conserver, sous les apparences de leur légèreté, la force nécessaire à l'ensemble de l'œuvre.

Dans ces conditions, il est facile de voir combien Louis Figuier fait erreur lorsqu'il suppose que c'est après avoir groupé autour du vase à décorer : bois, feuilles et fruits à l'état de coquilles métalliques, que la *Galvanatypie* vient remplir d'un alliage fusible les cavités de ces coquilles pour en faire un décor plein métal. (Opération qui serait, du reste, complètement impraticable). Ceci dit, pas-

sons maintenant à la série d'opérations nécessaires pour conduire à bien les travaux
de la *Galvanatypie;* opérations qui toutes por-
tent le cachet du génie de l'inventeur; et
puisque Louis Figuier s'est arrêté tout spé-
cialement sur le grand vase exposé en 1885 à
l'Observatoire de Paris, prenons-le pour objec-
tif et suivons sur lui la suite de mes démons-
trations.

Après avoir, par un croquis ou maquette,
déterminé le jeté, le mouvement, l'importance
de l'ornementation rêvée, un choix de matériaux (feuilles de vigne et de platane, fruits,
bois et tiges leur appartenant), triés avec soin,
sont fractionnés de façon à ne plus laisser entre
nos mains que des feuilles isolées, des grains
à part, des bois de longueur et de grosseur
voulues pour contourner, de leur branchage, ce
qui va servir d'armature au décor de notre
vase. Fractionnés de la sorte, nos matériaux se
prêtent sans difficulté à la triple opération du
recouvrement, de l'évidage et du renforçage.
Si bien que nous n'aurons plus, ces travaux
terminés et menés à bonne fin, qu'à disposer

d'après notre maquette nos bois courbés dans le sentiment de la place qu'ils doivent occuper ; fixer sur eux à l'aide de soudures les feuilles et les grappes de raisins, (reconstruites au préalable également par rivets et soudures) ; faire, par ce travail, plusieurs morceaux d'ensemble qui viendront, après argenture, se raccorder sur les flancs de notre vase, s'y tenir à l'aide d'un boulonnage permettant le démontage et remontage de l'ornementation.

On comprend combien, traitée de cette manière, l'œuvre entreprise se trouve simplifiée, et que, sauf la question d'ajustement, toutes les mains concourant à l'exécution d'un semblable décor n'ont besoin, pour bien faire, que d'un peu d'habitude et d'attention.

Mais si, morcelé de la sorte, le travail de la *Galvanatypie* est devenu relativement facile et pratique, c'est grâce aux procédés et tours de main de l'inventeur qui, dans toute la série des opérations de son ingénieuse découverte a laissé la trace indéniable d'une nature tout aussi intelligente qu'artiste.

Et maintenant, avant de finir l'exposé de ce

rapide examen des moyens propres à l'exécution de travaux en *Galvanatypie,* disons en quelques lignes, que pour amener à bien la série des opérations que ces moyens nécessitent il a fallu trouver :

1° D'abord une mixtion peu coûteuse, très conductrice, facile à poser, n'empâtant pas, et se prêtant à des recouvrements réguliers et faciles ;

2° Une substitution aux fils conducteurs de l'électricité, de panneaux composés de telle sorte que le courant au lieu de n'arriver que sur des points isolés de l'objet à métalliser vînt l'envelopper de toute part ;

3° Un système de brûlage pour réduire en cendres les modèles emprisonnés dans leurs coquilles de cuivre sans déformer, sous l'action du feu, cette fragile enveloppe ;

4° Un enduit propre à préserver le côté décoratif de cette coquille de toute bavure et éclaboussure de métal pendant l'opération du renforcement par coulée ;

5° Un dissolvant de cet enduit que rien ne semblait pouvoir attaquer, tout d'abord, quand il s'agissait d'en débarrasser le motif renforcé ;

6° La confection de chalumeaux d'une finesse de jet et d'une puissance de chauffe telles que l'on pouvait, avec eux, remplir de métal en fusion des cavités aussi délicates que celles de queues de cerises ou de barbes d'épis de blé ;

7° Enfin un métal rigide, de résistance presque égale au cuivre, mais de composition plus fusible que la coquille galvanique, dans laquelle il fallait qu'elle se soudât sans la fondre.

Voilà, dans son ensemble ce que l'inventeur de la *Galvanatypie* a su mener à bien, cherchant toujours, en unissant l'art à la science, l'exécution pratique de ses procédés de fabrication pour que, presque sans apprentissage, sans la recherche de mains exceptionnelles, il soit facile de former, en peu de temps, un atelier de *Galvanatypie* pouvant répondre aux commandes les plus importantes, et s'offrir à des conditions de prix n'apportant pas un obstacle à la vente.

9 782329 592701